edition suhrkamp 2807

»Wir müssen diese Bilder aushalten«, sagte Sachsens Ministerpräsident Michael Kretschmer im November 2021 angesichts frierender Geflüchteter an der Grenze zwischen Polen und Belarus. Seine Worte machen deutlich, was oft in Vergessenheit gerät: Grenzen sind nicht nur Hindernisse für Menschen, die sie von außerhalb überwinden wollen. Sie verändern auch die Gesellschaften, die sich abzuschotten versuchen.

Volker M. Heins und Frank Wolff zeigen, welche Wirkung Mauern und die Abwehr von Migration »nach innen« entfalten: Das Drängen der EU auf »sichere Außengrenzen« untergräbt das europäische Versprechen auf Frieden und Rechtsstaatlichkeit. Letztendlich gefährden befestigte Grenzen gerade jene demokratischen Werte und Strukturen, die sie zu schützen vorgeben.

Volker M. Heins, geboren 1957, ist Politikwissenschaftler und Fellow am Kulturwissenschaftlichen Institut Essen (KWI). Sein Buch *Offene Grenzen für alle. Eine notwendige Utopie* wurde für den NDR-Sachbuchpreis 2021 nominiert.

Frank Wolff, geboren 1977, ist Privatdozent für Neue und Neueste Geschichte an der Universität Osnabrück. Im Suhrkamp Verlag erschien zuletzt *Die Mauergesellschaft. Kalter Krieg, Menschenrechte und die deutsch-deutsche Migration 1961-1989* (stw 2297).

Hinter Mauern

Geschlossene Grenzen als Gefahr für die offene Gesellschaft

Von Volker M. Heins und Frank Wolff

Suhrkamp

Klimaneutral
Druckprodukt
ClimatePartner.com/14438-2110-1001

2. Auflage 2023

Erste Auflage 2023
edition suhrkamp 2807
Originalausgabe

Umschlag gestaltet nach einem Konzept von Willy Fleckhaus: Rolf Staudt
Satz: Satz-Offizin Hümmer GmbH, Waldbüttelbrunn
Druck: C.H. Beck, Nördlingen
Printed in Germany
ISBN 978-3-518-12807-7

www.suhrkamp.de

Inhalt

Einleitung

Schleichend und unauffällig beschädigen die neuen Mauern um Europa die demokratische Gesellschaft. Sie schaffen eine Situation, in der die liberale Demokratie ihre eigenen Regeln bricht. Und sie gewöhnen die Bevölkerung an Bilder notleidender, verletzter oder toter Migranten an Europas Grenzen – Grenzen, die angeblich dem Schutz der Bürgerinnen und Bürger dieses Kontinents dienen. Einige dieser Bilder sind ikonisch geworden und haben sich in unserem Gedächtnis festgesetzt: Das Bild des dreijährigen Alan Kurdi, leblos am Strand an der türkischen Mittelmeerküste. Das Bild zweier Golfer, deren Partie von einem Dutzend Flüchtlinge gestört wird, die jenen haushohen Zaun überwinden wollen, der nicht nur den Golfplatz rahmt, sondern der auch die spanische Exklave Melilla von Marokko trennt. Oder vielleicht auch jenes Bild von der polnisch-belarussischen Grenze, auf dem linksseitig des frisch errichteten Grenzzauns Dutzende Flüchtlinge zu sehen sind, die in der Kälte eng beieinander im Feuerrauch hocken, während rechts vom Nato-Zaun Grenzschützer in einem schweren Humvee-Geländewagen auf dem freigeräumten Kontrollweg patrouillieren.

Solche Schlüsselbilder erzählen wortlos ihre Geschichte. Eine Geschichte über extreme Ungleichheit, über Not und Verzweiflung und über das Antlitz der europäischen Abschottung. Diese Geschichte wiederholt sich vor dem Hintergrund wechselnder Landschaften, in Wäldern, auf freien Grünflächen, an Stränden oder auf dem offenen Meer. Auch als im Herbst 2021 Gruppen von Flüchtlingen aus Afghanistan, Syrien, dem Jemen, Ägypten, dem Irak und dem Iran versuchten, über die Grenze von Belarus nach Polen in den Schengen-Raum zu gelangen, schlug ihnen massive Gewalt entgegen. Polnische Grenzbeamte trieben die Flüchtlinge – darunter auch Schwangere und Kinder – zurück über die Grenze nach Belarus. Hunde wurden auf sie gehetzt, Schlagstöcke flogen. Auf Twitter warfen die Verantwortlichen mit militärischen Begriffen um sich: »Angriff«, »Verteidigung«, »Vorstoß«, »Kampf«. Das Militär rückte an, Helfer wurden inhaftiert, Medienvertreter abgewehrt. Neue Gesetze wurden erlassen, Zäune errichtet. Gelder flossen. Unterdessen starben Menschen an Unterkühlung oder an Krankheiten. 28 Tote wurden im Zeitraum zwischen August 2021 und November 2022 an der Grenze zwischen Polen und Belarus bestätigt.[1] Die Europäische Union hielt sich mit rechtsstaatlichen Bedenken zurück und stellte Millionen an Hilfsgeldern bereit, sogar die Nato versprach ihren Beistand. Europa erklärte Menschen explizit zu Waffen in einem »hybriden Krieg«.

Im öffentlichen Diskurs kollidierte eine militarisierte politische Sprache des Selbstschutzes mit den Bildern von Tod, Elend und roher Gewalt gegen unbewaffnete Zivilisten. Viele Menschen in Polen und im weiteren Europa reagierten mit Entsetzen und dem Ruf nach der Wahrung der Menschenwürde, des internationalen Rechts und der europäischen Werte. Doch welche Seite steht für Europa? Die Grünen-Politikerin Katrin Göring-Eckardt, Vizepräsidentin des Deutschen Bundestages, postete auf Twitter ein Foto von sich mit uniformierten polnischen Grenzschützern vor dem fünfeinhalb Meter hohen Stahlzaun an der Grenze zwischen Belarus und Polen mit dem Kommentar: »Unsere europäischen Werte zeigen sich auch daran, wie wir an unseren Grenzen agieren.«[2] Die Mehrdeutigkeit ihrer Worte vor dem Hintergrund eines Fotos, auf dem kein einziger Flüchtling zu sehen war, schien ihr nicht bewusst zu sein.

Andere Politiker ließen an Eindeutigkeit nichts zu wünschen übrig. Sie zeigten sich offensiv gleichgültig gegenüber dem Elend der Geflüchteten und forderten andere dazu auf, ebenfalls gleichgültig zu sein. Wir dürften der Wirkung der Bilder notleidender Menschen an den Grenzen Europas »nicht nachgeben«, sagte der damalige sozialdemokratische deutsche Außenminister Heiko Maas im *Tagesthemen*-Interview im November 2021. Wir müssten sie »aushalten«, forderte der konservative sächsische Ministerpräsident Michael Kretschmer im selben Monat.[3] Diese Aussagen bezogen sich auf das Leiden an der europäischen Außengrenze, richteten sich aber allein nach innen, an die Bevölkerung in Deutschland. Zudem waren die Formulierungen ungenau. Gemeint war nicht, dass wir irgendwelche Bilder leidender Menschen aushalten sollten, sondern Bilder von Menschen, zu deren Leid wir selbst durch die Abschottung Europas beigetragen haben. So wie Maas und Kretschmer rechtfertigten viele Politiker in Europa die Gewalt polnischer Grenzschützer gegen Migranten und forderten den Bau einer Mauer an der Ostgrenze Polens, die inzwischen tatsächlich fertiggestellt wurde. Die Appelle an Härte und Unnachgiebigkeit sollten Machthaber jenseits der Grenze ebenso beeindrucken wie künftige Flüchtlinge. In erster Linie wird mit ihnen aber die eigene Gesellschaft hinter den zu errichtenden Mauern adressiert. Innerhalb weniger Tage und angesichts einiger tausend Migranten wurde die ominöse rhetorische Figur der begrenzten »Aufnahmebereitschaft« beschworen, begleitet von dem Ruf nach weiteren Maßnahmen zur Abschottung Europas gegenüber den anderen, die keine Europäer sind.

Solche beispielhaften Nahaufnahmen illustrieren, wie die gewaltsame Abwehr unerwünschter Migranten auf die Gesellschaft einwirkt, die ebenfalls auf Abwehr umschwenken soll. Dass die Gewalt an den Grenzen den Abgewehrten tausendfach Leid zufügt, berichten viele kritische Beobachter und Journalisten. Die erwähnte Episode zeigt darüber hinaus aber, dass wir auch darauf schauen müssen, was auf unserer Seite der Grenze passiert. Stellvertretend für viele andere gewählte Politiker und Kommentatoren forderten Maas und Kretschmer nichts weniger als eine Gesellschaft, für die Tod und Elend an den Grenzen kein Grund zur Aufregung sind. Oft wird so getan, als schützten Mauern eine Gesellschaft, die unberührt bliebe von den Grenzen, die sie umgeben. Das war die Vorstellung von Thomas Morus, dem Autor des Romans *Utopia*. Die erste Amtshandlung des Gründers seines fiktiven Reichs besteht darin, zwischen Utopia und dem Rest der Welt einen tiefen Graben ausheben zu lassen, der vom Meer geflutet wird, so dass das Land zur Insel wird und für »Ausländer« nur noch schwer zugänglich ist.[4]

Aber dieses Bild ist irreführend. In Wirklichkeit verkümmert die Gesellschaft, jedenfalls die demokratische Gesellschaft, wenn sie sich radikal nach außen abgrenzt. Mauern machen etwas mit denen, die sich hinter ihnen verschanzen und ängstlich auf die Welt jenseits der Grenzen blicken. Wer hinter Mauern lebt, lebt zunehmend von ihnen bestimmt. Mit diesen Auswirkungen von befestigten Grenzen *nach innen* beschäftigt sich dieses Buch. Wir gehen der Frage nach, was mit der Gesellschaft passiert, die durch gewalttätige, willkürliche und rassistische Grenzregimes von der Außenwelt getrennt und zugleich mit ihr verbunden ist.

In der politischen Theorie wird häufig argumentiert, dass stabile liberale Demokratien auf eine umfassende Migrationskontrolle und »geschlossene Grenzen« angewiesen seien.[5] Wir werden im Gegenteil darlegen, wie die restriktiven Grenzregimes der Gegenwart die liberale Demokratie beschädigen. Letztlich ist die Demokratie, wie als Erster der französische Philosoph und Literaturnobelpreisträger Henri Bergson bereits vor dem Zweiten Weltkrieg schrieb, die einzige politische Ordnung, die darauf angelegt ist, die Bedingungen einer nach innen und außen geschlossenen, abgeschotteten Gesellschaft zu überwinden.[6] Sie verträgt sich daher nicht mit geschlossenen Grenzen.

Hinzu kommt, dass die Grenzen nicht für alle gleichermaßen geschlossen und die Mauern nicht für alle gleich hoch und undurchlässig sind. Flüchtlinge aus der Ukraine wurden in Deutschland, Polen oder Litauen seit dem Frühjahr 2022 ausdrücklich und offiziell willkommen geheißen. Selbstverständlich zu Recht. Irritierend war allerdings, dass die Aufnahmebereitschaft bei jenen Flüchtlingen aus der Ukraine auf ihre Grenzen stieß, die aus Afrika oder Asien stammten, aber in der Ukraine arbeiteten oder studierten.[7] Und ebenso irritierend waren viele implizit vergleichende Kommentare aus Politik und Medien. Den Ukrainern, bemerkte eine hochrangige deutsche Amtsperson, »muss nicht erklärt werden, wie eine Waschmaschine funktioniert, oder dass auf dem Zimmerboden nicht gekocht werden darf«.[8] Anders als den Barbaren, die 2015 ins Land drängten, so der leicht zu entziffernde Subtext.

Generell lässt sich festhalten, dass die Fluchtgründe *weißer* Flüchtlinge aus der Ukraine wesentlich weniger hinterfragt wurden als zum Beispiel die syrischer Flüchtlinge vor und nach 2015, obwohl oft sogar die Truppen desselben Landes die Herkunftsstädte der Geflohenen in Schutt und Asche bombten.[9] Auf diese Unterschiede angesprochen, die die Betroffenen vom Grenzübertritt bis zu Registrierung und Aufnahme zu spüren bekommen, entgegnete der griechische Migrationsminister Notis Mitarakis schlicht, die Ukrainer seien eben »die echten Flüchtlinge«.[10]

Solche Stimmen ignorieren, dass einige europäische Gesellschaften auch dann sehr wohl in der Lage sind, mit hohen Zahlen von Migranten konstruktiv umzugehen, wenn sich die Zuwanderung ungeplant vollzieht. Außerdem erinnern sie uns daran, dass wir über Rassismus sprechen müssen. Die Grenzregimes der Gegenwart sind ohne den Begriff des Rassismus nicht zu verstehen. Aber der Rassismus an den Grenzen verharrt nicht dort, sondern speist sich aus einer entsprechenden Gesellschaft und wandert von den befestigten Grenzen gestärkt in die Gesellschaft zurück. Die Gewalt an der Grenze greift nach innen aus und *korrumpiert* die Gesellschaft, indem sie zum einen die Institutionen des Rechtsstaats und der Demokratie beschädigt. Zum anderen fördert sie eine Verrohung der zivilen Alltagsmoral durch die kollektive Gewöhnung an Grausamkeit und Rechtsbrüche.[11] Die gewaltsame Migrationsabwehr ist nicht zu haben ohne eine Enthemmung der Machtausübung an den Grenzen. Das »tödliche Gift hemmungsloser Macht« beschädigt aber nicht nur seine Opfer, sondern auch die Täter und ihre Gesellschaft, wie bereits Frederick Douglass, der große Vorkämpfer für die Abschaffung der Sklaverei in den USA, schrieb.[12]

In Europa entfalten sich die Konflikte um Migration und Grenzregimes vor dem Hintergrund des europäischen Einigungsprozesses. Dieser Prozess führt einst verfeindete Staaten zusammen, setzt aber gleichzeitig mächtige Zentrifugalkräfte frei, die den Trend zur Abschottung Europas durch Ansätze einer nationalistischen Abschottung der Mitgliedsstaaten noch überbieten. Die offene Frage lautet also, wie die werdende europäische Gesellschaft aussehen wird. Wie offen wird diese Gesellschaft sein? Wie mächtig werden die neuen Mauern um Europa herum in unseren Köpfen werden? Und welche Bedeutung werden die »Würde des Menschen« und die Menschenrechte haben, die dem europäischen Projekt zugrunde liegen?[13] Das Streben nach der Verwirklichung dieses europäischen Versprechens krönte das Nobelkomitee, als es der Europäischen Union im Jahr 2012 den Friedensnobelpreis verlieh und dies mit dem Einsatz der EU für Demokratie und Menschenrechte begründete. Insbesondere nach dem Fall der Berliner Mauer und der Osterweiterung sei die EU zu einer Verheißung geworden, so dass bereits die Beitrittsperspektive Demokratie und Menschenrechte sogar in der Türkei vorangebracht habe.[14]

Wo aber stehen wir heute, kaum mehr als zehn Jahre nach dieser Ode an die europäische Menschlichkeit? Immer mehr Europäer wählen Parteien, die militant für geschlossene Grenzen sowie für eine geschlossene Gesellschaft eintreten. Die Europäische Kommission hat den Schutz »unserer europäischen Lebensweise« nicht nur ideell, sondern auch administrativ mit dem Motiv der »starken Grenzen und einem Neustart in Sachen Migration« verbunden.[15] Wissenschaftler vergleichen unterdessen die oft vergeblichen Versuche der Abschottung Europas (und anderer Teile der Welt) in den letzten Jahren mit einem regelrechten »Krieg gegen Migranten«.[16] Wenn dieser Vergleich auch nur annähernd stimmt, bleibt der Dauerkrieg an den Grenzen nicht ohne Folgen für die europäische Lebensweise, um deren Schutz es angeblich geht. Denn: »Keine Nation kann ihre Freiheit inmitten eines andauernden Kriegs bewahren.«[17]

Das vorliegende Buch schlägt einen Perspektivenwechsel

vor. Während der Wandel von Gesellschaften *durch* Migration ein oft behandeltes Thema ist,[18] haben sich nur wenige mit dem Thema beschäftigt, wie sich Gesellschaften verändern, wenn sie Migration mit immer massiveren Mitteln *abwehren*. Wir gehen nicht davon aus, dass die Abwehr unerwünschter Migration, besonders aus dem Globalen Süden, immer und dauerhaft gelingt. Das oft bemühte Bild von der »Festung Europa« ist ohne Zweifel problematisch. Die Abschottung gegen Migranten ist keine stabile Realität, sondern Wille und Vorstellung, Tendenz und Fantasie. Das macht sie erst recht beunruhigend. Ein regressiver gesellschaftlicher Wandel vollzieht sich nicht erst mit dem Erfolg des Abschottungsprojekts. Er geschieht bereits dann, wenn die kollektive Absicht, Migranten notfalls mit Gewalt abzuwehren, zu einem Projekt wird, dem sich große Teile der Bevölkerung und der Eliten verschreiben. Ganz gefährlich wird es, wenn dieses Abwehrprojekt idealistisch aufgeladen und mit dem Projekt Europa verschmolzen wird.

Der Perspektivenwechsel vom Wandel durch Migration zum Wandel durch die Abwehr von Migration erfordert eine erhöhte Aufmerksamkeit für die oft schleichenden gesellschaftlichen Veränderungen in den Zielregionen der globalen Migration, besonders in Europa. Damit radikalisieren wir ein Argument, das bereits Wendy Brown in ihrer Kritik an »Mauern« angedeutet hat.[19] Eher im Vorbeigehen identifiziert die amerikanische Philosophin ein Paradox: Je militanter die staatliche Grenze zwischen einer vermeintlich guten, geordneten Innenwelt und einer bösen, chaotischen Außenwelt verteidigt und befestigt wird, desto mehr verschwimmt sie, und das Chaos schleicht auch ins Innere der Gesellschaft hinein. Diesen Gedanken führt Brown jedoch nicht aus. Mauern sind für sie in erster Linie Projektionsflächen für Wünsche und Fantasien totaler Sicherheit in einer neoliberalen Welt schwindender Staatssouveränität, in der das Leben der meisten immer prekärer wird.

Hier schließen wir an, indem wir argumentieren, dass die physischen, rechtlichen und symbolischen Mauern, die zur Abwehr von Migration hochgezogen werden, nicht nur politische Projektionsflächen sind. Vielmehr haben die Mauern ganz konkrete soziale und normative Auswirkungen, indem sie destruktiv in die Gesellschaft zurückwirken, deren Schutz sie angeblich dienen sollen. Die hochgerüsteten Grenzen der Gegenwart sind keineswegs nur »Sortiermaschinen«, die allein den anderen, den Aussortierten, schaden.[20] Sie sind auch Disziplinierungsmaschinen, die die Gesellschaft zur Akzeptanz von Gewalt und Ausschluss erziehen.

Um dies darzulegen, zeigen wir, was um die Grenzen herum geschieht, und untersuchen, welche Strukturen sich im Hintergrund der tagespolitischen Aufregung um Vorfälle an den Grenzen herausbilden. Dabei verzichten wir auf die Entwicklung düsterer Untergangsszenarien. Unsere Konzentration auf die Gefahr, die geschlossene Grenzen für offene Gesellschaften bedeuten, entspringt keinem »gesinnungsethischen« Motiv. Vielmehr beleuchten wir, mit Max Weber sprechend, die »als möglich oder wahrscheinlich vorauszusehenden *Folgen*« der gegenwärtigen Grenzregimes für die Gesellschaft, in deren Namen und mit deren Ressourcen diese Regimes ausgebaut werden.[21]

Wir beschäftigen uns in diesem Buch insbesondere mit dem politischen Europa und dessen werdender Gesellschaft, sind dabei aber überzeugt, dass die Frage nach dem Leben »hinter Mauern« nicht ohne den steten Seitenblick auf die USA und die europäische Geschichte jenseits der EU zu beantworten ist. Wir beginnen in Kapitel 1 mit der Selbstbeschreibung Europas als »Einwanderungskontinent« und den eklatanten Ungereimtheiten dieser Selbstbeschreibung, die viel mit Rassismus zu tun haben. Gestaltungsentwürfe für die Einwanderungsgesellschaft werden immer wieder begleitet von einer unkritischen Bezugnahme auf klassische Einwanderungsländer wie die USA. Dieser idealisierende Verweis auf die USA ist jedoch zutiefst problematisch, weil er den tiefsitzenden Rassismus auch der amerikanischen Grenzpolitik ignoriert.

Kapitel 2 beschäftigt sich mit Gewalt als einem Resultat des derartig konstituierten Grenzregimes. Stets in Bezug auf die Frage nach den europäischen Grenzen blicken wir auf die Geschichte des politischen Europas als einen januskopfigen Prozess, der ein Versprechen auf Frieden formuliert und zugleich ein Verbrechen beinhaltet. Die verschärfte Migrationsabwehr bricht nicht nur täglich das europäische Versprechen einer menschenrechtskonformen Gesellschaft, sondern ist auch in seinem Gehalt korrumpiert worden, so dass es unklar bleibt, was genau »Europa« uns und anderen eigentlich verspricht. Dabei zeigt es insbesondere auf, welche Gewalt moderne westliche Grenzregimes, das europäische ebenso wie das US-amerikanische, *nach außen* ausüben.

Diese beiden Aspekte, der in liberalen Grenzregimes verankerte Rassismus und die manifeste Gewalt an den Grenzen bilden die Grundlagen, auf deren Basis wir in Kapitel 3 ausführlich danach fragen können, inwiefern die vordergründig nach außen gerichtete Gewalt *nach innen* ausgreift. Welche schleichenden gesellschaftlichen Verformungen können wir angesichts der eskalierenden Abschottungspraxis bereits beobachten und wie hilft uns dabei der Blick in die USA, um die Besonderheiten und Gemeinsamkeiten der Grenzregime in liberalen Demokratien besser zu verstehen?

Wir unterscheiden fünf Felder, auf denen sich die korrumpierenden Folgen der gewaltsamen Migrationsabwehr für die offene Gesellschaft beobachten lassen. Erstens sind die enormen symbolischen Anstrengungen zu nennen, die unternommen werden, um in der Bevölkerung das Gefühl einer Bedrohung durch Migration zu formen. Zweitens betrachten wir den Aufbau weitgehend unkontrollierter und nur begrenzt berichtspflichtiger polizeilicher oder militärischer Grenzinfrastrukturen sowohl an den geografischen Grenzen als auch im Landesinneren. Dies ist drittens eng verbunden mit der Suspendierung von Grund- und Menschenrechten in Grenzregionen und der schleichenden Normalisierung autoritärer Ordnungsstrukturen. Viertens greift die Grenze dadurch nach innen aus, dass sie Maßnahmen zur Einschüchterung auch der Einheimischen nach sich zieht. Dies beginnt bei denen, die wegen »Beihilfe« zu irregulärer Migration angeklagt werden, und geht immer weiter. Zu diesem Komplex gehören nicht zuletzt die Stigmatisierung und Diskriminierung von Einwohnern, die aufgrund von Aussehen oder Familienbiografie mit jenen identifiziert werden, die an den Grenzen abgewehrt werden sollen. Fünftens schließlich fördern der reale, erhoffte oder halluzinierte Ausbau von unübersteigbaren Mauern ein sozialpsychologisches Syndrom, das wir im Anschluss an eine literarische Vorlage als »Faschismus des Herzens« bezeichnen. Darunter verstehen wir den Hang zu paranoiden, hochgradig destruktiven Abgrenzungen nicht nur gegen imaginierte Feinde, sondern auch gegen die Zumutungen der Wirklichkeit selbst. Dies wiederum kann im politischen Raum fatale Folgen haben.

Vor dem Hintergrund dieser Bestandsaufnahme plädieren wir in Kapitel 4 dafür, die Institution der Grenze so zu reformieren, dass sie sich den Menschenrechten und dem menschlichen Wanderungsverhalten anpassen, anstatt umgekehrt menschenrechtswidrig das Wanderungsverhalten durch immer restriktivere Regeln zu kontrollieren. Dafür spricht auch, dass die Kontrolle ohnehin nur schlecht funktioniert. Die vielbeschworenen »sicheren Außengrenzen« sind eine gefährliche politische Fantasie. Angeblich »sichere« Grenzen werden mit einem Maß an Zwang und Gewalt erkauft, das letztlich die Freiheit aller gefährdet. Die Gewalt an den Grenzen bedroht nicht nur Migranten, sondern auch die Bürger derjenigen Staaten, die sich hinter Mauern in falscher Sicherheit wiegen – und sich vor falschen Gefahren fürchten.

1
Europa
Einwanderungskontinent mit Rassismusproblem

Die tunesische Hafenstadt Sfax ist ein Treffpunkt von Migranten aus Westafrika, die mit der Hilfe von Schleusern von hier aus versuchen, nach Italien überzusetzen. So auch Aminata Traouré, die im Frühjahr 2021 von französischen Journalisten interviewt wurde. Obwohl sie bereits ein Baby und zwei weitere Angehörige bei einem Schiffbruch im Mittelmeer verloren hatte, war die junge Frau aus der Côte d'Ivoire entschlossen, es noch einmal zu versuchen. So groß ist die Not, so groß die Anziehungskraft Europas. »Europa oder der Tod!«, lautet das Motto von Traouré und Tausender Westafrikaner, die in Tunesien ihren eigenen europäischen Traum träumen.[1]

In der Sehnsucht dieser Menschen spiegelt sich das Bild, das die Europäische Union von sich selbst pflegt. Sie möchte in den Augen der Welt unwiderstehlich sein. Die EU verkörpert, in den Worten des ehemaligen französischen Außen- und Europaministers Jean-Yves Le Drian, eine »echte humanitäre Macht«, mehr noch, das hoffnungsvolle »Projekt eines neuen Humanismus«.[2] Die daraus entstehende Anziehungskraft soll aber nicht dazu führen, dass immer mehr Menschen sich tatsächlich angezogen fühlen und auf die Idee kommen, in Europa leben zu wollen. Darum errichtet die EU an ihren Grenzen bedrohliche Infrastrukturen, die all jene abschrecken sollen, die mit dem Gedanken spielen, ohne die entsprechenden Papiere einzureisen oder einzuwandern. Europa ist hin- und hergerissen zwischen dem Streben nach globaler

Attraktivität und der Angst vor den globalen Einwanderungsbewegungen, die doch die Folge seiner Attraktivität sind. Aus dieser Spannung zwischen einem Sinnbild von Hoffnung und der Vergeblichkeit der Hoffnung ergibt sich der erste große Widerspruch, in dem sich die EU bewegt. Dieser Widerspruch prägt nicht nur den Blick, den potenzielle Migranten auf Europa haben, sondern auch das Verhältnis der Europäer selbst zur EU.

Der zweite Widerspruch liegt darin, dass einige Mitgliedsstaaten der Union aus ökonomischen und demografischen Gründen eine sozial breitgefächerte Einwanderung brauchen, aber wenig tun, um diese auch zu ermöglichen. Die bestehenden Einwanderungsprogramme beschränken sich auf hochbezahlte Berufe und Bildungseliten. Die Mehrzahl der Migrationswilligen hat somit keine andere Wahl, als entweder zu Hause zu bleiben oder mithilfe von Schleusern riskante Umwege zu suchen und aufwändige und unsichere Asylverfahren zu durchlaufen.

Dieser Widerspruch prägt auch europäische Länder außerhalb der EU. Im September 2021 war auf dem Cover der britischen Wochenzeitung *The New European* eine Fotomontage zu sehen: Ein Grenzschutzpolizist in einem Boot, auf dem »Border Force« steht, ruft einer Gruppe Schwarzer Geflüchteter, die mit Schwimmwesten in einem überfüllten Schlauchboot sitzen, die Frage zu: »Kann jemand von euch Lastwagen fahren?« Lastwagenfahrer waren nach dem Brexit knapp im Vereinigten Königreich. Das Fernsehen zeigte Bilder von leeren Regalen in Supermärkten. Der Güterverkehr lag am Boden. Auf dem Kontinent machte sich derweil Schadenfreude breit. Viele dachten sich: Das haben die Briten nun davon, dass sie aus der Europäischen Union ausgetreten sind und vor allem ihre osteuropäischen Migranten vergrault haben. Erst wollen sie sich hinter Mauern verschanzen, dann müssen sie doch ihre Tore öffnen, um dringend benötigte Arbeitskräfte hereinzulassen.

Innerhalb der EU sieht es oft nicht viel besser aus. In Deutschland fehlen Hunderttausende Arbeitskräfte, in der Gastronomie, der Hotelbranche, im Transportwesen, den Krankenhäusern, in Handwerksbetrieben, in Kitas, im Einzelhandel, in der Baubranche und anderswo. Im Jahr 2021 gab es über 63 000 unbesetzte Ausbildungsplätze.[3] Frühere Hoffnungen, den Personalmangel durch Arbeitskräfte aus den EU-Nachbarländern auszugleichen, haben sich zerschlagen. »Die Einwanderung aus der EU geht dramatisch zurück«, sagt Herbert Brücker, Migrationsexperte am Institut für Arbeitsmarkt- und Berufsforschung in Nürnberg.[4] In Europa mehren sich die Regionen, die durch mangelnde Zuwanderung in große Schwierigkeiten geraten. Hinzu kommen andere Regionen, die durch die Abwanderung der Jungen und Ehrgeizigen veröden. Migranten willkommen heißen, und sei es im eigenen Interesse? Es scheint ganz so, als möchte man lieber ungestört aussterben.

Dabei versteht sich Europa als ein »Einwanderungskontinent«. Der Begriff wurde vor einigen Jahren von dem ehemaligen EU-Justizkommissar Franco Frattini in die Diskussion eingeführt.[5] Frattini, ein hartgesottener Konservativer, der illegale Pushbacks, also das Zurückdrängen von Flüchtlingen an den eigenen Landesgrenzen, ebenso befürwortete wie eine enge Kooperation mit Libyen in Migrationsfragen, machte sich keine Illusionen über die wirtschaftliche und demografische Notwendigkeit der Einwanderung nach Europa. Daran sieht man deutlich: Selbst konservative Kräfte in Politik und Gesellschaft, die auf territoriale und kulturelle Abschottung setzen, kämpfen zwar für restriktive Regeln im Bereich der Einwanderung und des Aufenthaltsrechts, nicht aber für einen kompletten Migrationsstopp. Das gilt selbstverständlich auch für das ehemalige EU-Mitglied Großbritannien, wo das Amt für Nationale Statistik unlängst verkündete, dass im Jahr 2022 eine geschätzte Rekordzahl von 1,1 Millionen Menschen eingewandert ist, vor allem Ukrainer, Afghanen und Hongkong-Chinesen.[6] Die Einwanderung aus den kinderreichen und wirtschaftlich schwachen Regionen des Globalen Südens, aber eben auch aus anderen Teilen der Welt, in den zunehmend kinderlosen und wohlhabenden Norden wird somit weitergehen. Nicht nur, weil im Süden Ursachen für die Abwanderung fortexistieren, sondern auch, weil es im Norden einen realen Einwanderungsbedarf gibt, der sich auf makabre und paradoxe Weise mit massiven Abschottungstendenzen und tödlichen Grenzsicherungen verbindet.

In Deutschland fällt dabei auf, dass in dem Land, das jahrzehntelang kein Einwanderungsland sein wollte, obwohl es faktisch längst eines war, inzwischen auch Konservative wie der CDU-Vorsitzende Friedrich Merz die »klassischen« Einwanderungsländer wie die USA als Vorbilder empfehlen. Wenn man genauer hinhört, wird die Vorbildfunktion allerdings vor allem darin gesehen, dass sich die US-Regierung das Recht vorbehält, nach ausschließlich selbstgewählten, nicht verhandelbaren Kriterien zu entscheiden, wer im Land gebraucht wird und wer nicht – ohne Rücksicht auf den Willen und die Bedürfnisse potenzieller Migranten –, und mit Blick auf ein ganz spezifisches Idealbild der erwünschten Gesellschaft.[7] Diese Liebe europäischer Konservativer zur Idee einer hochselektiven Einwanderungsgesellschaft, die das Leben hinter Mauern nicht in Frage stellt, ist bemerkenswert. Im Folgenden werden wir zeigen, dass der Verweis auf das vermeintliche Vorbild USA zwar eine Weltoffenheit suggeriert, aber den Blick auf die rassistischen Aspekte der Migrationspolitik auf beiden Seiten des Atlantiks verstellt.

Offene Grenzen – aber nicht für alle

Im Herzen des europäischen Projekts steckt die Idee, dass die freie Binnenmobilität eine europäische Lebenswelt ermöglichen solle. Doch die Tore im Innern Europas sind nicht für alle offen und nicht einheitlich weit geöffnet. Es ist nicht nur so, dass der Schengen-Raum scharf zwischen den Menschen drinnen und draußen unterscheidet. Er teilt auch Menschen, die in ihm leben, sehr ungleiche Rechte zu. Die einen leben in der Illusion, es existierten überhaupt keine Grenzen mehr, wohingegen andere nirgendwo davor sicher sind, von der Polizei angehalten und nach ihren Papieren gefragt zu werden. Für sie scheinen die Grenzen nicht verschwunden, sondern im Gegenteil allgegenwärtig zu sein.

An den Außengrenzen der EU wiederum entdeckt die nationale Politik ausgerechnet im Prozess der partiellen Aufweichung der europäischen Binnengrenzen die Einwanderungskontrolle als das letzte Bollwerk staatlicher Souveränität. Dies gilt nicht nur für Staaten wie Polen oder Ungarn, deren Regierungsparteien sich als nationale Schutzmächte gegen eine angeblich aus Brüssel diktierte Einwanderungspolitik inszenieren. Allein der aufnehmende Staat, so die herrschende Lehre auch im übrigen Europa, soll es sein, der über die Rechtmäßigkeit jedes Antrags auf Einreise oder Einwanderung befindet. Sind die migrationswilligen Personen, die draußen vor den Toren warten, »qualifiziert« genug, um sich auf dem Arbeitsmarkt zu bewähren? Verdienen sie genug, um nicht dem Sozialstaat zur Last zu fallen? Welches Gewicht soll die Kenntnis der neuen Landessprache haben? Dürfen Familienangehörige nachgeholt werden? Passen die Migranten kulturell zu den Einheimischen?

Keine dieser Fragen wird in Europa einheitlich, sachlich und ausschließlich nach objektiven Kriterien beantwortet. Vor allem werden diese Fragen gar nicht oder nur in Ansätzen auf europäischer Ebene entschieden. Da Einheitlichkeit auf den Gebieten von Grenzschutz, Asyl und Migration nicht durchgesetzt werden kann und sich das Problem opportunistischer und eigensinniger Mitgliedsstaaten weder durch Zwang noch durch Konsens lösen lässt, sind »flexible Modelle« der Zusammenarbeit in der EU beliebt.[8] So ist auch der koordinierte europäische Grenzschutz ein Projekt, das mittels der Grenzschutzagentur Frontex nur an bestimmten Knotenpunkten und »Hotspots« realisiert wurde, wo es um die Verhinderung sogenannter »irregulärer« Migration geht.[9] Europäisch weitgehend einheitlich reguliert sind lediglich Fragen wie die Vergabe von Schengen-Visa. Ferner gibt es europäische Datenbanken zur Überprüfung migrationswilliger Personen. Schließlich sind die verschiedenen »Dublin-Verordnungen« seit 1990 zu nennen, in denen geregelt wird, welcher Mitgliedsstaat für die Durchführung eines Asylverfahrens zuständig ist und welche Regeln und Fristen zum Beispiel für binneneuropäische Rückführungen gelten. Aber selbst im Bereich des Flüchtlingsrechts, in dem internationale Abkommen wie die Genfer Flüchtlingskonvention und die Europäische Menschenrechtskonvention eigentlich eine elementare Gleichbehandlung einfordern, gehen die europäischen Staaten dramatisch unterschiedliche Wege. Der Zugang zu Asylverfahren, die Aufenthaltsregeln für Flüchtlinge während der oft sehr langen Bearbeitungszeiten und die Kriterien für die Gewährung von Asyl variieren ebenso von Land zu Land wie die Praxis der Abschiebung abgelehnter Asylbewerber. Allerdings schält sich dabei ein übergreifender Trend zur Abkehr vom Flüchtlingsschutz heraus. Dies demonstrieren beispielsweise die wiederholten Schließungen der italienischen Häfen für Rettungsschiffe mit schiffbrüchigen Migranten an Bord, Tausende organisierte Pushbacks entlang der europäischen Außengrenzen auf dem Balkan oder die Einrichtung von gefängnisähnlichen Flüchtlingslagern in Griechenland und Ungarn.

Menschenrechtsverletzungen in Kombination mit Straffreiheit für die Verantwortlichen bekommen nicht nur Geflüchtete und Einwanderer bei der Einreise und in Aufnahmeverfahren zu spüren, sondern zunehmend auch Europäer. So berichtete Human Rights Watch im April 2022 von Fällen, in denen polnische Flüchtlingshelfer verhaftet wurden, weil sie einer über Belarus geflohenen kubanischen Familie genau jene dringend benötigte Erstversorgung zukommen ließen, für die ganz Europa den Flüchtlingshelfern an der polnisch-ukrainischen Grenze applaudiert.[10] Kurz darauf entschied der Europäische Gerichtshof, dass die im internationalen Flüchtlingsrecht eindeutig verbotenen Pushbacks in Europa unter Umständen doch legal sein können.[11] Der Umgang mit Migration und Flucht lässt an der Gleichheit aller vor dem Gesetz zweifeln. Es hat vielmehr denn Anschein, dass Justitia ihrer Augenbinde zum Trotz nicht farbenblind ist. Es wird ein Faktor sichtbar, den viele Europäer gerne längst abgeschüttelt hätten: die Fundierung des Migrationssystems im Rassismus.

Rassismus jenseits von Schwarz und weiß

Die Kritik an dieser Fundierung richtet sich gegen die unterschiedliche Behandlung von Schwarzen und *weißen* Menschen in den Gesellschaften und an den Grenzen. *Weißsein* bezeichnet hierbei nicht die Farbe einer Haut, wie sie durch Pigmentierung und die Struktur der Blutgefäße bestimmt wird, sondern eine kulturelle Erfindung, eine soziale Zuschreibung und eine Platzanweisung innerhalb der Gesellschaft. *Weißsein* oder als *weiß* wahrgenommen zu werden verleiht eine privilegierte Position im rassistisch geprägten Machtgefüge moderner westlicher Gesellschaften. Dies drückt sich zum Beispiel in Situationen aus, in denen sich Schwarze Menschen allen möglichen Nachfragen, Kontrollen und Stigmatisierungen ausgesetzt sehen, während *weiße* Menschen unbehelligt bleiben.

Ein Rassismusbegriff, der allein auf dem Gegensatz Schwarz/*weiß* beruht, hat allerdings den gravierenden Nachteil, dass er sich vor allem auf die Erfahrungen des europäischen Kolonialismus sowie von (ehemals) segregierten Gesellschaften wie den USA und Südafrika bezieht.[12] Dort war die Schwarz/*weiß*-Unterscheidung nicht nur sozial, sondern auch rechtlich verankert. *Weißsein* war darüber hinaus ein Status, der keines Beweises bedurfte. Ein solcher Beweis wäre auch unmöglich zu erbringen gewesen.[13]

Umgekehrt fiel es modernen Gesellschaften überraschend leicht, bestimmte Menschen als Schwarz oder nicht-*weiß* einzustufen. In der Phase der Apartheid in Südafrika nach 1950 steckten Beamte einen Bleistift durch das Haar von Personen, die sie nicht mit Sicherheit einer »Rasse« zuordnen konnten. Blieb der Bleistift im dichten Haar stecken, nahmen die Behörden dies als Beweis dafür, dass die Person nicht-*weiß* sei.

Anders als in Südafrika oder den USA galt für Kontinentaleuropa, dass sich diverse Rassismen ganz ohne die Kategorie des Schwarzseins entwickelten. In Deutschland entstand zum Beispiel die Rede von »fremdstämmigen« oder »kulturfremden« Ausländern, die viele Deutsche und die entsprechende Rechtsprechung vor allem in Osteuropa beheimatet sahen.[14] Dabei verstärkten sich verschiedene Rassismen gegenseitig. Manche Deutsche verglichen Polen im östlichen Teil des Deutschen Reiches abwertend mit »Irokesen« und anderen Ureinwohnern Amerikas.[15] Der junge Max Weber fühlte sich bei polnischen Wanderarbeitern an »östliche Nomadenschwärme« erinnert.[16] Etwas später schnappte der deutsche Freikorpskämpfer Ernst von Salomon in Oberschlesien ein neues Wort als Sammelbezeichnung für Polen, Italiener und Franzosen auf, das er sich sogleich aneignete: »white niggers«.[17] Salomon hatte den Ausdruck zum ersten Mal bei britischen Offizieren gehört, denen das rassistische Denken entlang des Gegensatzes von Schwarz und *weiß* geläufiger war als den Deutschen, deren Rassismus anders funktionierte.

Als nicht-*weiß* zu gelten bedeutet in rassistischen Gesellschaften nicht nur, von vielen Ressourcen und Lebenschancen ausgeschlossen zu sein. Es bedeutet auch, aus jenem unauffälligen, nicht markierten Zentrum ausgeschlossen zu sein, von dem aus andere Personen überhaupt erst als nicht-*weiß* auffällig werden. Dies geschieht, weil ihnen bestimmte Merkmale zugeschrieben werden, die sie als Angehörige einer angeblich niedriger stehenden Gruppe markieren. Rassismus funktioniert letztlich dadurch, dass von derartigen Merkmalen auf die für angemessen gehaltene Stellung der betreffenden Personen und Gruppen in der sozialen und moralischen Hackordnung der Gesellschaft geschlossen wird. Rassisten interpretieren Merkmale wie Hautfarbe, sprachliche Akzente oder Kopfbedeckungen als Zeichen der kulturellen Inkompatibilität, der Rückständigkeit oder gar des Bösen schlechthin.

In Europa war der Rassismus vor allem ein Produkt der jeweiligen Nationalismen und der Vorstellung hierarchisch angeordneter Kulturen. Die kulturellen Abstufungen wurden zudem stark beeinflusst durch das koloniale Denken des späten 19. Jahrhunderts und zunehmend sprachlich in Farbbegriffen verpackt. Diese gaben vor, die Vielfalt der Welt abzubilden, während sie vor allem den Kern des jeweiligen Nationalismus durch den Ausschluss anderer definierten. Die Idee der Nationalstaaten, die jeweils eine Nation repräsentieren sollten, kollidierte mit der multiethnischen Realität der europäischen Regionen und Bevölkerungen. So erlaubte es der Rassismus in seinen unterschiedlichen Ausprägungen, das letztlich unbestimmte Eigene der Nation durch die Abgrenzung zum Fremden, zur vermeintlich niedriger stehenden Kultur der anderen zu definieren. Während Nationalisten behaupten, die Rasse ginge der Nation voraus, war es in Europa umgekehrt die Nation, die das Phantasma der Rasse erschuf.[18]

Auch die europäischen Rassismen kennen zwar eine diffuse, sich dauernd ändernde Idee dessen, was es heißt, *weiß* zu sein. Anders als in den USA entwickelte sie sich aber weniger stark in Abgrenzung zur Idee des Schwarzseins. Darum erfassen in den USA entwickelte antirassistische Denkmuster und Begriffe wie BIPOC (Black, Indigenous, People of Color) zentrale Ausschlussmuster des europäischen Rassismus nur unzureichend.[19] Zwar bilden auch in Europa *weiße* Menschen ein nicht markiertes, privilegiertes Zentrum, von dem aus andere Menschen markiert, sichtbar gemacht und abgewertet werden. In der jüngeren Geschichte waren allerdings auch manche, die in anderen Situationen als *weiß* gelten, das Ziel rassistischer Stigmatisierung, besonders Juden oder Slawen. Aus diesen Besonderheiten ergibt sich für das kontinentale Europa der Bedarf nach einer eigenen Sprache, eines eigenen Vokabulars für den historischen oder alltäglichen Rassismus in den europäischen Gesellschaften. Eine solche eigene Sprache wird dazu beitragen, das dröhnende »soziale Schweigen« zu überwinden, das rassistische Vorfälle und Strukturen in Europa umhüllt.[20]

Einwanderungskontrolle und Rassismus

Zu den rassistischen Strukturen, die oft gar nicht als solche benannt werden, gehört auch die moderne Einwanderungskontrolle.[21] Grenzregimes waren seit der Entstehung moderner Nationalstaaten ein Experimentierfeld für die Aufteilung migrationswilliger Personen in erwünschte und unerwünschte. Dabei wurden immer wieder auch rassistische Kriterien angewendet. Stark vereinfacht kann man sagen, dass Europa und die europäischen Siedlerkolonien wie die USA oder Australien im Laufe der Geschichte drei unterschiedliche Varianten selektiver Einwanderungspolitik ausprobiert und kombiniert haben, die allesamt von einer erstaunlichen Kontinuität unterschiedlicher Formen des Rassismus zeugen. Bis heute sind es diese drei Varianten, die sich regelmäßig hinter anscheinend neutralen rechtlichen Kategorien der Asyl- und Einwanderungspolitik verbergen:

(1) Migranten werden ins Land gelassen und eingebürgert, weil und insofern die Politik ihnen zuschreibt, dass sie kulturell als *weiß* gelten und somit zur einheimischen sesshaften Bevölkerungsmehrheit passen;
(2) Migranten werden ins Land gelassen, obwohl sie als nicht-*weiß* bzw. kulturell »unpassend« wahrgenommen werden, während ihnen aber zugetraut wird, sich durch Assimilation und Integration anpassen zu können (ohne darum unbedingt gleichberechtigt zu werden);
(3) Migranten werden ins Land gelassen, um zu arbeiten, aber an der vollen Teilhabe – vom sozialen Aufstieg bis zur Wahrnehmung von Grundrechten – gehindert, weil sie zwar als wirtschaftlich nützlich gelten, ihnen aber als nicht-*weißen* Menschen abgesprochen wird, dass sie jemals kulturell zur Mehrheit passen könnten.

Die erste und die dritte Variante einer rassistischen Einwanderungspolitik beruhen auf qualitativen Urteilen über die angebliche Andersartigkeit und die unaufhebbaren kulturellen Defizite von Personen und Gruppen. Die zweite Variante stellt in Aussicht, dass Migranten durch kulturelle Anpassung allmählich wie die bereits Einheimischen werden können. Im Laufe der Geschichte konnten sich einige Gruppen den Status, *weiß* zu sein oder so wahrgenommen zu werden, aneignen oder erarbeiten, etwa durch den kollektiven Aufstieg in die Mittelschicht und den Umzug in die besseren Vororte der Großstädte. Kulturelle Anpassung kann auch heißen, dass sich Einwanderer, die sich in ihrem Status als *Weiße* nicht sicher sind, bewähren wollen, indem sie sich von anderen Einwanderergruppen abgrenzen. Teils übernehmen sie dabei auch den Rassismus der Einheimischen. So strebten in den vierziger Jahren junge Söhne osteuropäischer oder italienischer Zuwandererfamilien an, sich den Respekt der *weißen* Mehrheit zu verdienen, indem sie in Detroit oder Harlem Schwarze verprügelten.[22] Ähnliches finden wir auch heute. In den vergangenen Jahren haben Sozialforscher gezeigt, dass Polen, Ungarn und Rumänen, die in England arbeiten, einen spezifisch britischen Rassismus regelrecht lernen, um in ihren Milieus als gut integriert zu gelten.[23] Erwähnt sei auch das Beispiel europäischer und amerikanischer Juden, die trotz (oder auch wegen) eines bemerkenswerten sozialen Aufstiegs seit dem ausgehenden 19. Jahrhundert einem massiven Alltagsrassismus ausgesetzt waren. Dies sensibilisierte viele für das Unrecht an Dritten. Es führte aber auch zu einer Vielzahl an Versuchen, sich körperlich in die weiße Mehrheitsgesellschaft einzuschreiben – von der Einübung möglichst unauffälliger Verhaltensmuster bis zur Nasenoperation.[24]

Die Ausschlussmechanismen, die den genannten Varianten rassistischer Einwanderungspolitik zugrunde liegen, sind tief in der Geschichte der westlichen Gesellschaften verankert. Offenkundig wurden sie allerdings erst in der zweiten Hälfte des 19. Jahrhunderts, also in jenen Jahren, in denen sich nicht nur der Begriff der Migration, sondern auch die ersten Ansätze einer modernen Migrationspolitik entwickelten. Zum einen ermöglichten neuen Transportmittel die Massenmigration über weite Distanzen. Zum anderen attestierten damals viele Wissenschaftler dem Rassismus den Geist einer objektiven Perspektive auf die Welt.

Die verschiedenen Ausprägungen des europäischen Rassismus hatten ihren gemeinsamen Ursprung in dem Bedürfnis, die eigene, angeblich überlegene Kultur und die eigene Machtpolitik »objektiv« zu begründen. Im Falle Frankreichs und Großbritanniens richtete sich der Rassismus vor allem gegen Menschen aus Afrika und Asien. In Deutschland dagegen waren es vor allem Juden und Slawen, die von rassistischer Stigmatisierung betroffen waren, also Menschen, die heute gemeinhin als *Weiße* gelten.[25] Die israelische Historikerin Shulamit Volkov hat gezeigt, dass sich nach der Gründung des Deutschen Reiches 1871 eine gemeinsame deutsche Identität vor dem Hintergrund der imaginierten Andersartigkeit von Juden bildete.[26] Mit dieser neuen kollektiven Identität formierten sich das nationale Selbstverständnis und die Migrationsgesetzgebung um rassistische Grundsätze. Auch hier ging es darum, ein kollektives »Selbst« durch den Ausschluss eines gefühlt »Anderen« zu finden und zu stabilisieren.

Dieses Erbe prägt noch heute das exkludierende Denken über kulturelle Fremdheit und Migration, auch wenn inzwischen nicht mehr von »Rassen« oder »Stämmen« die Rede ist, sondern von »Kulturen«. Werden diese essenzialisiert, gelten sie als unveränderlich und stabil sowie als mehr oder weniger kompatibel mit anderen Kulturen auf demselben Territorium. Dieser kulturelle Rassismus zieht nicht biologische, sondern vermeintlich unüberwindbare kulturelle Unterschiede zur Rechtfertigung für den Ausschluss und die Abwehr von Bevölkerungsgruppen heran.

In der Bundesrepublik machte sich die neue Spielart eines kulturellen Rassismus zum Beispiel zu Beginn der achtziger Jahre in Bundestagsdebatten zur »Ausländerpolitik« bemerkbar. Prominente Abgeordnete behaupteten, der Wunsch nach der Verteidigung der »nationalen Identität« sei in der »menschlichen Natur« verankert. Die Menschheit zerfalle in Großgruppen, die danach sortiert werden müssten, wie tief die »kulturellen und Mentalitätsunterschiede« zwischen ihnen und den Deutschen oder Europäern seien. Diesen Großgruppen sollten dann entsprechend ihrer jeweiligen Nähe zum »europäischen Kulturkreis« unterschiedliche Einwanderungs- und Bleiberechte eingeräumt werden. Die Präsenz von Menschen aus der Türkei oder Jugoslawien in Deutschland war in diesem Weltbild eine Anomalie. Ganz unten auf der Liste der kulturell Unverträglichen und Unerträglichen standen allerdings »die Menschen aus den asiatischen und den afrikanischen Ländern«.[27]

In solchen immer wieder hörbaren Redebeiträgen kann man das Muster eines bis heute in weiten Teilen der europäischen Öffentlichkeit salonfähigen Rassismus erkennen: Die anderen, die nicht so sind wie wir, stammen aus Welten, die wir immer schon kennen und die es zugleich gar nicht wert sind, gekannt zu werden.

Weiß *und willkommen*

Im Rückblick lässt sich der rassistische Kern der drei geschilderten Varianten von Einwanderungspolitik etwas genauer bestimmen. Der Grundsatz, Migranten ins Land zu lassen, weil weithin angenommen wurde, dass sie zur bereits einheimischen Bevölkerung passen, war ein ausdrücklicher Bestandteil der Einwanderungspolitik der europäischen Siedlerkolonien und der daraus hervorgegangenen Staaten. Die USA sind genau in diesem Sinne ein klassisches Einwanderungsland, weil sie von Anfang an selektive Einwanderung, Demokratie und Rassismus miteinander kombiniert haben.[28] Ihre zwischen den achtziger Jahren des 19. Jahrhunderts und den zwanziger Jahren entwickelte Einwanderungspolitik institutionalisierte ein breites Instrumentarium, welches nicht nur vorgab, die exklusiv *weiße* Gesellschaft zu erhalten, sondern das diese mitten in der Zeit der Massenmigration anhand einer verfeinerten »Farbhierarchie« neu schaffen sollte.[29]

Zuvor bestimmten zwei Arten von Grenzen das amerikanische Experiment: Die bewegliche, ins Innere des Kontinents getragene *frontier*, die den Fortschritt der Eroberung markierte, und die festen linearen Grenzen, die vor allem an den Seegrenzen das Territorium begrenzten, zugleich aber an den großen Häfen für die Zufuhr versklavter Menschen und die Einwanderung der Siedler offen waren. All diese Grenzen waren von rassistischen Praktiken gekennzeichnet. Der Genozid an den Indigenen und die Sklaverei waren sicherlich die krassesten Ausdrucksformen des Rassismus, auf dem die USA fußen. Auch die amerikanischen Festlandgrenzen im Norden und Süden wurden mit Gewalt auf Kosten der Indigenen errichtet.[30] Und selbst innerhalb der *weißen* Siedlergemeinschaft wurde der Kreis der Willkommenen immer wieder eng gezogen. Bereits Benjamin Franklin, der im Gegensatz zu anderen gefeierten Gründervätern der USA letztlich offen für die Abschaffung der Sklaverei eintrat, ließ eigentlich nur Angelsachsen als *Weiße* gelten. Andere Europäer, zum Beispiel »Spanier, Italiener, Franzosen, Russen und Schweden haben im Allgemeinen das, was wir eine dunkle (*swarthy*) Hautfarbe nennen; das gilt auch für die Deutschen«. Man sollte sie, so Franklin, möglichst nicht ins Land lassen. Und erst recht natürlich keine Schwarzen oder Asiaten, die er als »gelbbraun« (*tawny*) bezeichnete. Warum, fragte sich Franklin, sollten wir zulassen, dass Amerika durch weit geöffnete Grenzen »dunkler« wird: »Why should we [...] darken its People?«[31]

Ein Kennzeichen der klassischen Einwanderungsländer, über das jene gerne hinwegsehen, die sie heute zum Vorbild erklären, war ihre Bereitschaft, Armutsmigration zuzulassen.

Mehr noch: Diese Gesellschaften waren auf die heute verpönte Armutsmigration existenziell angewiesen. Auch in den USA gingen allerdings seit dem Ende des 19. Jahrhunderts wissenschaftlicher Rassismus, Alltagsrassismus und Recht eine langfristig prägende Allianz ein. Dies führte dazu, dass Armen ohne die »richtige« Nationalität und Hautfarbe zunehmend die Einreise erschwert wurde. Just mit dem Anbrechen einer tatsächlich globalen Massenmigration untersagte 1882 ein erstes amerikanisches Einwanderungsgesetz – bis auf wenige Ausnahmen – jegliche Einwanderung aus China. 1924 trat ein Gesetz in Kraft, das für die nächsten Jahrzehnte ein Quotensystem für die Herkunftsländer von Migranten einführte. Briten, Deutsche oder Skandinavier durften in sehr viel größerer Zahl einwandern als Russen, Polen oder Griechen, die in den Jahrzehnten zuvor zu den dominanten Einwanderungsgruppen geworden waren. Die treibenden Kräfte dieser Gesetzgebung waren die »Nativisten«, gewissermaßen die Ersten, die vor dem Hintergrund einer imaginierten besseren Vergangenheit Amerika wieder »großartig« machen wollten.

Die Quotengesetzgebung verfolgte explizit das Ziel, die ethnische Zusammensetzung der amerikanischen Gesellschaft der Zeit vor der Masseneinwanderung um die Jahrhundertwende wiederherzustellen. Darum orientierten sich die Quoten der erlaubten Einwanderung pro Nation am Zensus des Jahres 1890 und der Herkunft der damals im Land sesshaften Menschen.[32] Dies war ein gezielt gewähltes Jahr. Es lag nach dem Verbot der Einwanderung von Chinesen und vor dem Einsetzen der osteuropäischen Massenimmigration dank neuer Dampfschiffe und Reedereien. Während die Quote deutscher oder französischer Einwanderer weit über den Auswandererzahlen der zwanziger Jahre lag, reduzierte sich die

Einwanderung oft verarmter Menschen aus osteuropäischen Ländern wie der Sowjetunion oder Polen im Vergleich zu den Vorjahren um über neunzig Prozent. Da die Mehrzahl der Auswanderer aus diesen Ländern Juden waren, kritisierten schon damalige Beobachter, dass dies nicht nur eine antieuropäische, sondern vor allem eine verdeckt antisemitische Gesetzgebung sei.[33]

Ähnliche Muster erkennen wir auch in anderen Einwanderungsländern. Als Südafrika zu Beginn des 20. Jahrhunderts die einsetzende Einwanderung auf Europäer begrenzen wollte, definierte das Land all jene als Europäer, die eine europäische Sprache sprechen und schreiben konnten. Dies führte zur Folgefrage, ob Jiddisch eine europäische Sprache sei. In der Zeit nach 1900 war die Antwort darauf positiv. Mit dem Einsetzen der Apartheid entschied sich Südafrika 1922 allerdings um. Dabei ging es nicht allein um Antisemitismus, sondern auch um Klasse. Auch aufgrund der sich schließenden Tore in den USA wichen aus Osteuropa auswandernde Juden auf andere Ziele in aus, darunter neben Brasilien und Argentinien auch Südafrika. In dieser Situation entstand in Südafrika die Figur des osteuropäischen Juden als eines »Peruaners«, den Zeitgenossen als die »schmuddelige, ungepflegte und allgemein ungewaschene Ausgabe [...] des wandernden Juden« charakterisierten.[34]

Um diese nun unerwünschte Einwanderung zu unterbinden, griff Südafrika 1930 nach dem Vorbild der USA zu einer Quotengesetzgebung. Diese zog entlang der verlängerten deutschen Ostgrenze eine Linie durch Europa. Aus Ländern östlich dieser Linie, aus denen vor allem verarmte Juden kamen, durften nur noch fünfzig Personen pro Jahr einwandern, während sie westlich der Linie, wo der Abwanderungsbedarf deutlich geringer war, unbegrenzt blieb. Diese Einwanderer fielen in die Kategorie der »Gentlemen«, worunter sich wie im Falle Deutschlands und der Niederlande auch Juden befinden konnten. Als mit der Herrschaft der Nationalsozialisten aber die deutschen Juden schlagartig verarmten und in die Emigration gezwungen wurden, verschob Südafrika diese Linie geschwind das entscheidende Stück weiter nach Westen.

Bei all diesen Gesetzen ging es nicht allein darum, spezifische Gruppen auszuschließen. Vielmehr sollte unter dem Vorwand der Erhaltung einer Gesellschaft eine neue Gesellschaft nach dem Vorbild einer imaginierten Gemeinschaft von ganz spezifisch definierten *Weißen* überhaupt erst geschaffen werden. Zunehmend erklärten die oft von Armutseinwanderern geprägten Einwanderungsländer ausgerechnet Armut und Mobilität als Ausschlussgründe. Unter dem Vorwand einer historischen Entwicklung, die nur mit einer rassistischen Brille sichtbar war, wandten sich diese Länder gewissermaßen gegen ihre eigene Geschichte. Die Quotengesetzgebungen gaben vor, die Einwanderung nach einem angeblich objektiven Kriterium, der nationalen Zugehörigkeit, zu regulieren. Beim genaueren Hinsehen war es allerdings offenkundig, dass sie eine Abstufung des Werts von Menschen vornahmen.

Europas ambivalenter Gründungskonsens

Rassismus beruht auf einer machtgestützten Klassifizierungspraxis, die Menschen entlang wahrgenommener, angeblich unveränderlicher Merkmale in streng getrennte Gruppen einteilt, bewertet und systematisch ungleich behandelt. So gesehen ist die Quotierung von migrationswilligen Personen nach ethnischen und nationalen Kriterien, wie sie die USA lange Zeit praktiziert haben, ein Musterbeispiel rassistischer Migrationspolitik im Rahmen einer unvollständig liberalen Demokratie. Das wird auch in den USA längst nicht mehr bestritten. Schon 1952 kritisierte eine Kommission zur Reform der Einwanderungs- und Einbürgerungspolitik das System nationaler Quoten ausdrücklich als »rassistisch«, besonders wegen seiner offenen Diskriminierung von Migranten aus Asien und der Karibik.[35]

Die europäische Einigung begann in der Zeit, als große Teile der Bevölkerung der USA die rassistische Einwanderungspolitik ihres Landes allmählich in Frage stellten. 1965 wurde das nach Nationen hierarchisierte Quotensystem in den USA abgeschafft, an dessen Stelle andere, aber nach wie vor hochgradig selektive Systeme der Aus- und Einsperrung unerwünschter Migranten traten. Es ist also nicht verwunderlich, dass sich das offizielle Europa nie ein ethnisches Quotensystem zur Steuerung von Einwanderung zum Vorbild nahm. Seinem Selbstverständnis nach war das Europa, das sich nach dem Zweiten Weltkrieg herauszubilden begann, kein rassistisches Projekt. Jean Monnet, einer der »Gründerväter« des geeinten Europas, spricht in seinen Memoiren von seinen frühen Reisen vor dem Ersten Weltkrieg, etwa durch Kanada, wo er lernte, die »alten atavistischen Vorstellungen« über Fremde und Migranten zu überwinden.[36] In diesem Geist hoffte Monnet später, auch die europäische Einigung vorantreiben zu können.

Es wäre jedoch naiv zu glauben, dass der Blick auf die nordamerikanischen Vorbilder oder die europäische Einigung dem Rassismus tatsächlich ein Ende bereitete. Auf seine Jahre als junger Schwarzer Autor in Paris zurückblickend, resümierte James Baldwin entsprechend, dass sich Europa nie über irgendetwas einig gewesen sei, »außer über uns«.[37] Im Lichte dieser Aussage lohnt es sich, daran zu erinnern, dass 1957, als Belgien, Deutschland, Frankreich, Italien, Luxemburg und den Niederlanden die Römischen Verträge unterzeichneten und damit die Europäische Wirtschaftsgemeinschaft gründeten, Frankreich und Belgien noch Kolonialmächte waren. Vor allem Frankreich dachte zu diesem Zeitpunkt noch nicht daran, sich gänzlich von seinen Kolonien zu trennen, ganz zu schweigen von den nach wie vor existenten Überseegebieten.

Das Beispiel Algeriens ist besonders aufschlussreich, zumal das Land offiziell gar keine Kolonie, sondern bis 1962 ein Département und damit ein integraler Bestandteil der Französischen Republik war. Nach dem Zweiten Weltkrieg waren somit alle Algerier Bürger der Republik, die europäischen Siedler ebenso wie die einheimischen Muslime, Berber und Juden. Während Frankreich trotz allem Algerier politisch und sozial systematisch benachteiligte, setzte es sich zugleich für die Integration Algeriens in den entstehenden Gemeinsamen Markt ein, um seinen zunehmend umstrittenen, kolonialen Anspruch auf Algerien zu untermauern. Gegen die Integration Algeriens regte sich jedoch Widerstand in Europa. Besonders Italien wehrte sich gegen die Einfuhr von Agrarprodukten aus Algerien und gegen die drohende Konkurrenz auf dem entstehenden europäischen Arbeitsmarkt durch algerische Migranten. Deutschland war für die Öffnung des Agrarmarkts für Produkte aus Algerien, lehnte aber mit Italien die Reise- und Niederlassungsfreiheit für algerische Muslime ab. Die Verhandlungen zogen sich hin. Schließlich wurde das ganze Thema vertagt und einer Arbeitsgruppe zur weiteren Diskussion übertragen. Auch wenn es niemand offiziell zu Protokoll gab, war klar, dass das neue

Europa mehrheitlich eine der grundlegenden Freiheiten des Gemeinsamen Marktes, nämlich die Freiheit des Personenverkehrs, den algerischen Muslimen nicht zubilligen wollte. Und dies, obwohl sie französische Staatsangehörige waren.[38]

Ähnlich restriktiv war die Behandlung von Algeriern, die während des Unabhängigkeitskriegs in Frankreich unter Druck gerieten und in den benachbarten Ländern Unterschlupf suchten. Belgien war ein ebenso schwieriges Pflaster wie Frankreich. Das Großherzogtum Luxemburg ließ überhaupt keine Algerier ins Land. In Deutschland häuften sich Gewalttaten gegen Algerier in den an Frankreich grenzenden Regionen. Es entwickelte sich die gängige Praxis, algerische Muslime bei der Einreise entweder abzuweisen oder ihnen nur befristete Ersatzausweise auszustellen.[39] Diese waren Teil eines restriktiven rechtlichen Sonderregimes, das die Behörden – in Ergänzung zahlreicher anderer Sonderregelungen für andere Gruppen – eigens für Algerier entwickelten. Dieses Regime sah sogar die Weitergabe persönlicher Daten von Flüchtlingen an Frankreich vor. Algerier erhielten ungeachtet ihrer französischen Nationalität keine vollen Rechte wie die *weißen* Franzosen, sondern galten als eine »außereuropäische«, problematische, unerwünschte und überwachungsbedürftige Personengruppe.[40]

Die Europäische Union – ein weißes Projekt?

Die Ungleichbehandlung einer bestimmten Gruppe französischer Staatsbürger, nämlich der Algerier, gleich zu Beginn des europäischen Einigungsprozesses, war der Sündenfall, der den Riss zwischen dem gerade entstehenden politischen Europa und dem Globalen Süden markierte. Damit signalisierte das neue Europa, dass es Kind seiner kolonial geprägten Denkmuster und Ordnungspolitik geblieben war.[41] Im Prozess der Schaffung einer »immer engeren Union« der europäischen Nationen, wie es im Vertrag von Maastricht von 1992 heißt, sollte sich dieser Sündenfall fortpflanzen. Es scheint, als wollten sich die Europäer nur in einer Art und Weise vereinigen, die dem *weißen* Selbstbild entsprach. Dies ging insbesondere zu Lasten der Beziehungen mit jenen Gesellschaften, die sie über Jahrhunderte beherrscht und ausgebeutet hatten.

Der Umgang mit den ehemaligen frankophonen Kolonien in Westafrika ist ein weiteres Beispiel für die in den europäischen Einigungsprozess eingebettete Abschottungspolitik. Bis in die siebziger Jahre war es etwa für Migranten aus dem Senegal leicht, nach Frankreich ein- und wieder auszureisen. Viele arbeiteten in der Autoindustrie und schickten einen Teil ihres Einkommens nach Hause. Ab 1974 brauchten Senegalesen eine Aufenthaltsgenehmigung für Frankreich. In den achtziger Jahren wurde dann eine ganze Reihe von Gesetzen verabschiedet mit dem Ziel, die Einreise, den Familiennachzug sowie die Einbürgerung von Migranten afrikanischer Herkunft zu erschweren. Diese Beobachtung lässt sich verallgemeinern: Europa hat es migrationswilligen Personen in Afrika in den vergangenen Jahrzehnten generell sehr viel schwerer gemacht, legal einzureisen.[42]

Mit dem Inkrafttreten des Schengener Übereinkommens 1995 und des Vertrags von Amsterdam 1999 wurden die Visa-Regeln für Einreisen in die EU vereinheitlicht. Bilaterale Programme für visumfreies Reisen zwischen ehemaligen Kolonien und Metropolen, die es bis dahin hier und da noch gab, wurden abgeschafft. Die Mitgliedsstaaten der EU gaben zugunsten gemeinsamer Regelungen das Recht ab, eigenständig über ihre Visa-Regeln gegenüber Drittstaaten (inklusive vieler ehemaliger Kolonien) zu entscheiden. Für große Teile der postkolonialen Bevölkerungen bedeutete das neue europäische Visa-Regime eine drastische Einschränkung der Reisefreiheit.

Ebenso erging es Polen, an dessen Westgrenze mit dem Ende des Kalten Kriegs erst ein liberaleres Grenzregime eingezogen war. Dieses verhärtete sich mit dem Inkrafttreten von Schengen jedoch erneut, da zum Beispiel die polnisch-deutsche Grenze bis zur Aufnahme Polens in die EU im Jahr 2004 eine europäische Außengrenze war. Anders als zum Beispiel Österreich, das bis 1995 ebenfalls kein Mitglied der EU war, war Polen kaum in die Verhandlungen über die Zukunft der europäischen Grenzen einbezogen worden.[43] Hart traf dies vor allem viele Unternehmer, Familien und Arbeitskräfte, die anstelle des überall gepriesenen gemeinsamen Europas nun erlebten, dass sie nicht dazugehören sollten. Genau dies war das Ziel: Die Mobilität bestimmter Bevölkerungen östlich und südlich des sich einenden Europas sollte bereits in einem frühen Stadium kontrolliert oder möglichst unterbunden werden. Selbst für kurze Geschäfts- oder Besuchsreisen mussten zum Beispiel Marokkaner plötzlich ein Visum beantragen. Oft wurde dies als demütigend empfunden.[44]

Mit dem Begriff des institutionellen Rassismus werden Handlungen von Institutionen und Organisationen bezeichnet, die unabhängig von den Intentionen ihrer Mitarbeiter bestimmte Personen aufgrund ihrer ethnischen, nationalen oder kulturellen Herkunft »regelmäßig beziehungsweise überproportional benachteiligen«.[45] Das Rassismusproblem auf der Ebene der Institutionen der EU rührt daher, dass den Außengrenzen Europas eine besondere Funktion zugeschrieben wird, die sie von vielen anderen Grenzen unterscheidet. Es handelt sich nämlich um *biopolitische* Grenzen. Dies sind Grenzen, die als rational und unschuldig ausgegeben werden, in Wirklichkeit aber die globale Ungleichheit der Lebenschancen und des Wohlstands verfestigen. Unabhängig von den Absichten europäischer Politiker, Beamter oder der Verfasser von Grundsatzdokumenten schreiben biopolitische Grenzen das Erbe einer im Kern rassistischen Sozial- und Wirtschaftspolitik fort. Eines der effektivsten Mittel, um Ungleichheit auf Dauer zu stellen, ist die Errichtung von Hindernissen gegen sozialräumliche Mobilität insbesondere für Arbeitsuchende, aber auch für Schutzsuchende.[46] Diese Hindernisse werden nicht wahllos errichtet, sondern entlang einer imaginierten Hierarchie mehr oder weniger erwünschter »Herkunfts- und Transitländer«, die den Globalen Süden systematisch benachteiligt.[47]

Die EU vertieft somit durch ihr Grenzregime die Kluft zwischen den europäischen Metropolen und der postkolonialen Welt. Es ist kein Zufall, sondern ein Ergebnis aktiver Politikgestaltung, dass ihre Südgrenze im Mittelmeer zur tödlichsten Grenze der Welt geworden ist. Schengen, so heißt es, bilde einen »neuen eisernen Vorhang«, hinter dem die Armen der Welt verschwinden sollen.[48] So sehr dieses Bild die bestehenden Ungerechtigkeiten auf den Punkt bringt, so unzureichend ist es doch. Es verrät nichts davon, dass bestimmte einkommensschwache Bevölkerungen sehr wohl in die EU einreisen dürfen, weil ihre Regierungen entsprechende Assoziierungsabkommen mit den Institutionen der EU schließen konnten. So sind die Bürger der Republik Moldau oder der Ukraine seit 2017 bei Einreisen in die EU von der Visumspflicht befreit. Dabei ist das Pro-Kopf-Einkommen in Moldau niedriger als in Jordanien oder Jamaika, und Politikwissenschaftler stufen das Land als weniger demokratisch ein als Tunesien oder Ghana.[49]

Der Verdacht liegt nahe, dass es für die Gewährung von Reisefreiheiten aus der Sicht Europas von Vorteil ist, aus einem Land mit einer als *weiß* wahrgenommenen Bevölkerung zu stammen. Auch den Ukrainern, die seit 2017 ohne Visum in die EU einreisen können, ist besonders nach der Eskalation des russischen Angriffskriegs 2022 von westlichen Journalisten bescheinigt worden, »relativ europäisch, relativ zivilisiert« zu sein.[50] Wären Assoziierungsabkommen wie die zwischen Moldau oder der Ukraine und der EU auch mit Ländern in Nordafrika oder anderen Regionen des Globalen Südens möglich? Zwar bestehen mit einigen der dortigen Staaten derartige Abkommen oder sind in Planung, allerdings geht es bei diesen nicht um eine Liberalisierung von Reiseregeln, sondern um eine striktere Migrationskontrolle. Und was ist mit Israel, zurzeit ein visumfreies Drittland, dessen Bürger – ähnlich wie Bürger der USA – problemlos in den Schengen-Raum einreisen und auch langfristige Aufenthaltsgenehmigungen beantragen können? Würde das Land dieses Privileg verlieren, wenn es in der Folge demografischer oder politischer Veränderungen nicht als ein quasieuropäisches Land wahrgenommen würde – oder selbst aufhörte, diese Nähe zu suchen?[51] Von der Antwort auf diese Fragen hängt ab, ob »europäisch« sich auf ein Synonym für »weiß« reduzieren lässt oder ob die entstehende europäische Gesellschaft sich tatsächlich an dem egalitären Menschenbild orientiert, das in einigen der Grundsatzdokumente der Europäischen Union niedergelegt ist.

Drei Typen von Grenzkonflikten

Im Anschluss an den kanadischen Soziologen William Walters haben wir die Grenzen des Schengen-Raums als biopolitische Grenzen bezeichnet. Im Unterschied zu geopolitischen oder hoheitlichen Staatsgrenzen geht es bei biopolitischen Grenzen um die Regulierung des Wohlstands, der physischen und moralischen Gesundheit und, ja, des Glücks vieler mobiler Einzelner und ganzer Bevölkerungen. In der Realität überlappen sich diese Typen von Grenzen häufig. Gleichwohl hilft die Unterscheidung, um die spezifischen Probleme zu bestimmen, die mit den jeweiligen Grenzen einhergehen. Eng verbunden mit diesen Grenzen sind drei Typen von Konflikten, die bis heute immer wieder aufflammen:

(1) Konflikte um den *Verlauf* von Staatsgrenzen, wie sie besonders die europäische Geschichte geprägt haben;
(2) Konflikte um den *Status* von Grenzen als Staatsgrenzen, besonders im Kontext föderalistischer oder sezessionistischer Bewegungen;
(3) Konflikte um die *Durchlässigkeit* von Staatsgrenzen, vor allem für Flüchtlinge und Migranten.

Bei jedem dieser Konflikte haben wir es mit unterschiedlichen Paarungen von Kontrahenten zu tun. Der Konflikt um den Verlauf von Grenzen wird zumeist zwischen Staaten ausgefochten und beigelegt; der Konflikt um den mehr oder weniger souveränen Status von Binnengrenzen wird zwischen Staaten und substaatlichen Provinzen, Bundesländern oder Départements ausgetragen; bei Konflikten über die Durchlässigkeit verläuft die Front oftmals nicht zwischen Staaten oder anderen politischen Einheiten, sondern zwischen Staaten (oder Staatenverbünden) und Individuen oder gesellschaftlichen Gruppen. Das sorgt für höchst asymmetische Konfliktverläufe. Vordergründig geht es dabei allein um die Frage, wer von diesen Individuen und Gruppen jenseits der Grenzen das Recht bekommt, vorübergehend einzureisen oder dauerhaft einzuwandern, um diesseits der Grenzen das eigene Leben zu verbessern oder überhaupt zu retten. Damit wird nicht nur die Mobilität von außen nach innen verhandelt, sondern auch die Frage, mit welchen Mitteln der Staat sein Souveränitätsverständnis gegenüber potenziellen Migranten und gegenüber der eigenen Bevölkerung umsetzt.

Die europäische Einigung kann man als den Versuch beschreiben, in mehreren Schritten auf alle drei Arten von Grenzkonflikten zu antworten. Offenkundig ist, dass die europäische Einigung das Ziel verfolgte, einen weiteren Eroberungskrieg in Europa auszuschließen, in dem erneut um den Verlauf insbesondere der Grenzen Deutschlands und seiner Nachbarn gekämpft würde. Innerhalb der EU ist die Befriedung solcher zwischenstaatlichen Grenzkonflikte tatsächlich gelungen. Und auch über die EU hinaus sorgte die Schlussakte der Konferenz für Sicherheit und Zusammenarbeit in Helsinki 1975 dafür, dass sogar die Gegenspieler des Kalten Kriegs ihre bis dahin teils sehr umstrittenen Grenzverläufe gegenseitig anerkannten und allen unfriedlichen Grenzverschiebungen eine Absage erteilten. Global gesehen ist dies selbstverständlich nicht der Fall. Weder die Unverletzlichkeit der Grenzen noch die friedliche Regelung von Streitfällen werden weltweit und unter allen Umständen akzeptiert. Und auch die Okkupation der Krim und des Donbas ab 2014 und erst recht der 2022 begonnene offene russische Angriffskrieg gegen die Ukraine ist ein naheliegendes Beispiel für den Bruch dieser Regeln.

Weniger offenkundig ist, dass die EU auch als ein Projekt zur Unterbindung von Sezessionsbewegungen innerhalb ihrer Mitgliedsstaaten verstanden werden kann. Die Europäische Union versteht sich gerne als »Kompromissmaschine«; aber im Falle von Sezessionsbewegungen ist sie vor allem auch eine Ordnung, die kompromisslos den Status quo absichert. Die EU und führende Politiker der Mitgliedsstaaten haben sich zum Beispiel in der Frage der Unabhängigkeitsbewegung in Katalonien immer entschieden auf die Seite der spanischen Zentralregierung gestellt und vor einem desaströsen Präzedenzfall gewarnt.[52] Ähnlich verhielten sich prominente EU-Vertreter im Vorfeld des schottischen Unabhängigkeitsreferendums 2014, dessen positiver Ausgang Fragen nach der EU-Zugehörigkeit Schottlands aufgeworfen hätte.

Damit kommen wir zurück zum dritten Grenzkonflikt, dem Konflikt um die Passierbarkeit von Staatsgrenzen für Waren sowie für Reisende, Pendler, Flüchtlinge und Migranten. Das europäische Projekt zielt vor allem darauf ab, dass sich die Mitgliedsstaaten ökonomisch füreinander öffnen, dass sie ihre Grenzen erst für Waren und dann für Menschen immer durchlässiger machen. Der Plan war, historische Konflikte um den Verlauf von Grenzen durch eine Veränderung ihrer Funktion zu entschärfen.[53] Den Schlüssel zum Frieden sah man darin, Europa durch einen behutsam gesteuerten Prozess hin zu wachsender wechselseitiger Durchlässigkeit und Abhängigkeit grundlegend zu transformieren.[54] Auf diesem Weg stellte das Schengener Übereinkommen von 1985 (Schengen I) eine entscheidende Weiche, während das Schengener Durchführungsübereinkommen von 1990 (Schengen II) als »Geburt der europäischen Außengrenze« beschrieben worden ist.[55]

Der Kernpunkt von Schengen I war die Abschaffung der

Grenzkontrollen zwischen den Mitgliedsstaaten. Grenzverläufe sollten nicht länger an die Frontverläufe ehemals verfeindeter Staaten erinnern. Die Bürger Europas sollten sich den Grenzen ihrer Nachbarländer nicht mehr mit Herzklopfen nähern müssen, in Erwartung der Fragen, die ihnen mürrische und misstrauische Grenzbeamte stellen würden. Innerhalb der werdenden europäischen Gesellschaft sollten Staatsgrenzen nicht länger nationale Affekte formen. Ihre Funktion sollte nicht mehr darin liegen, »uns« von den »anderen« zu trennen und zu bestimmen, wen wir kollektiv zu lieben und zu misstrauen haben. All das galt allerdings nur für den Binnenraum des geeinten Europas.

Offen blieben zwei große Fragen. Erstens die Frage nach dem *Verlauf* nicht der nationalstaatlichen Grenzen innerhalb Europas, wohl aber Außengrenzen der EU. Welche Staaten der Union können oder wollen sich an dem Projekt beteiligen und wie weit könnte ein politisches Europa überhaupt gehen, wenn das geografische Europa im Laufe der Geschichte immer wieder unterschiedlich gedacht wurde? Und zweitens ging es um die damit eng verbundene Frage nach der *Durchlässigkeit* dieser Außengrenzen für Menschen aus Drittstaaten außerhalb des politischen Europas. Beide Fragen wurden erst relativ spät akut. 1987 stellte das Königreich Marokko einen Antrag auf Aufnahme in die Europäische Wirtschaftsgemeinschaft. Der Antrag wurde mit dem Hinweis abgelehnt, das Land sei kein »europäisches Land«.[56]

Mit der Festlegung auf dieses Kriterium sowie andere Kriterien der Mitgliedschaft zur EU war allerdings noch nicht entschieden, wie offen oder geschlossen die sich verschiebenden Außengrenzen Europas gegenüber der nicht-*weißen*, nicht-europäischen Welt sein sollten. Die Frage nach dem Verlauf der Außengrenzen hat sich als ebenso kontrovers erwiesen wie die Frage nach der Durchlässigkeit dieser Grenzen für Menschen außerhalb des als *weiß* imaginierten Europas.

Viele Konflikte um den Verlauf, den Status oder die Durchlässigkeit von Grenzen haben eine biopolitische Komponente. Der Brexit-Streit ist ein gutes Beispiel. Vordergründig war dies ein Streit über den rechtlichen Status und den Vorrang der Grenzen des Vereinigten Königreichs gegenüber der EU. Aber zugleich ging es um den Willen vor allem einer konservativen Mehrheit in England, Migration aus Osteuropa und eines Tages vielleicht der Türkei abzuwehren und die Zusammensetzung der eigenen Bevölkerung stärker steuern zu können. Offiziell war das Ziel die (angebliche) Rückgewinnung der vollen Kontrolle über die nationalen Grenzen. Das eigentliche Ziel war jedoch mehr Kontrolle des gesellschaftlichen Lebens *innerhalb* der ersehnten Mauern.

In diesem Sinne sind sich die Brexit-Kampagne und die Diskussion um die EU-Außengrenzen ähnlicher, als man auf den ersten Blick vermuten mag. Der Dauerstreit um die Durchlässigkeit für Personen sowohl der Binnengrenzen in Europa als auch der europäischen Außengrenzen gewinnt dadurch an Schärfe, dass so getan wird, als stünden die territoriale Integrität und Lebensweise wahlweise des Vereinigten Königreichs, der Nation oder Europas auf dem Spiel. Die reale oder imaginierte Öffnung der Grenzen für andere (und vor allem jene, die nicht-*weiß* sind) wird im öffentlichen Diskurs so dargestellt, als wolle man den Verlauf oder den Status souveräner Grenzen und damit das Leben des Gemeinwesens selbst in Frage stellen. Diese Verwechslung unterschiedlicher Typen von Grenzkonflikten bildet den mentalen Kern einer Politik der gewaltsamen Abwehr von Migration. Sie liegt auch einer Mentalität des Grenzschutzes zugrunde, die so tut, als seien Zivilisten an der Grenze, die auf ein besseres Leben hoffen, wie Feinde zu behandeln, die unseren Wohlstand, unsere Freiheit und unser Leben bedrohen. Eine Folge dieser fatalen Verwechslung ist das außerordentlich hohe Maß an Gewalt, das an den europäischen Außengrenzen ausgeübt wird.

2
Versprechen und Verbrechen
Europäischer Frieden und »crimes of peace«

Artikel 3 der aktuell gültigen Fassung des Vertrags über die Europäische Union von 2016 beginnt mit dem Satz: »Ziel der Union ist es, den Frieden, ihre Werte und das Wohlergehen ihrer Völker zu fördern.« Diese Worte gehen zurück auf Gedanken und Formulierungen, die sich seit den Römischen Verträgen durch das europäische Vertragswerk ziehen. Das erste Ziel Europas ist der Frieden. Der Frieden bildet auch den Kern dessen, was in unzähligen Erklärungen, Programmen und feierlichen Reden immer wieder als das große *Versprechen* der europäischen Einigung bezeichnet worden ist. »Europa« sei kein geografischer Begriff, sondern ein »Geist« – *l'esprit européen* – sowie ein universelles »Versprechen«, so verkündete bereits 1949 der damalige französische Außenminister Robert Schuman in einer Stellungnahme.[1] 2012 wiederholte Herman Van Rompuy, damals Präsident des Europäischen Rates, die Formel vom europäischen »Versprechen des Friedens« in seiner Dankesrede bei der Verleihung des Friedensnobelpreises an die EU. Ein »dauerhafter Frieden« bedeute mehr als das Schweigen der Waffen, nämlich einen Zustand, wie ihn die Union erreicht habe, in der Krieg zwischen den Mitgliedsstaaten »undenkbar« geworden sei.[2] Ein solches anspruchsvolles Verständnis eines dauerhaften Friedens findet sich bereits in Diderots *Encyclopédie*, in der es heißt, Frieden sei die »Ruhe« (*tranquillité*) einer Gesellschaft, die »gute Ordnung« (*bon ordre*) in ihren inneren und äußeren Verhältnissen.[3]

Zu einem Versprechen gehören immer mindestens zwei. Ein Versprechen ist kein Gelübde, das man ganz für sich allein ablegen kann. Es muss von einem Gegenüber angenommen werden. Denn nicht jedes Versprechen ist bei denjenigen, denen es gegeben wird, willkommen. Erst das einmal angenommene Versprechen schränkt die Freiheit des Versprechenden ein, es sich noch einmal anders zu überlegen. Dadurch entsteht etwas Neues, nämlich eine wechselseitige Bindung. So war es auch mit dem Versprechen eines dauerhaften Friedens, das sich nach dem Zweiten Weltkrieg mehrere, vormals verfeindete Staaten in Westeuropa gaben. Dieses Versprechen war das Fundament einer langen Serie von europäischen Vertragsschlüssen und es bezog sich sowohl auf die zwischenstaatlichen Beziehungen als auch auf die Beziehungen zwischen den Gesellschaften in Europa.

In einem Vortrag zur Identität Europas, den der französische Philosoph Jacques Derrida nach dem Fall der Berliner Mauer hielt, äußerte er den Verdacht, dass inzwischen der »Geist« des europäischen Versprechens von denselben »Verbrechen der Ausländerfeindlichkeit, des Rassismus, des Antisemitismus, des religiösen oder nationalistischen Fanatismus« kontaminiert worden sei, die er doch ein für alle Mal ausschließen sollte. »Diese Verbrechen verbinden sich miteinander, sie verbinden sich indes auch – und durchaus nicht zufällig – mit dem Hauch, dem Atem, dem ›Geist‹ des Versprechens selber.«[4] Was kann mit dem Satz gemeint sein, dass sich die genannten Verbrechen mit dem Geist des europäischen Versprechens »verbinden«, und zwar »durchaus nicht zufällig«?

Erinnern wir uns kurz an die Anfänge, um besser zu verstehen, »was sich unter dem Namen Europa als Versprechen ankündigte«.[5] In der Gründungsphase des politischen Europas galten interne wechselseitige Verbindungen, besonders eine gemeinsame Stahl-, Kohle- oder Atompolitik, als friedenssichernd, während angesichts des Kalten Kriegs die äußere Friedenswahrung vor allem der Nato und ab Mitte der siebziger Jahre der Konferenz über Sicherheit und Zusammenarbeit in Europa zugesprochen wurde.[6] Diese *externe* Friedenspolitik schlug sich vor allem in Gipfeltreffen, internationalen Abkommen und in der Rüstungspolitik nieder. Erst relativ spät und sehr begrenzt kamen alltäglich spürbare Dinge wie Reiseerleichterungen oder der kulturelle Austausch zwischen Ost und West dazu. Hier blieben die Nationalstaaten gestaltend und die europäischen Institutionen marginal. Anders hingegen beim Frieden *innerhalb* Europas. Dieser Frieden, so glaubte man am Ausgangspunkt des europäischen Einigungsprozesses, ließe sich am besten durch die supranational koordinierte Verflechtung der Schwerindustrie, einer Zollunion und später durch die Schaffung eines gemeinsamen europäischen Binnenmarktes herstellen. Bereits der Vertrag zur Gründung der Europäischen Wirtschaftsgemeinschaft von 1957 beginnt damit, dass die Unterzeichnerstaaten ihre Entschlossenheit bekunden, durch den »Zusammenschluß ihrer Wirtschaftskräfte Frieden und Freiheit zu wahren und zu festigen«, und nennt das Ziel der »Beseitigung der Hindernisse« für den freien Verkehr von Waren, Kapital, Dienstleistungen sowie Personen zwischen den Mitgliedsstaaten.

Die Idee, Frieden durch Freizügigkeit herzustellen, war somit ein entscheidender Weichensteller für die europäische Einigung und prägte später auch das liberale Denken über eine friedvolle Weltordnung nach dem Ende des Kalten Kriegs. So erklärte der amerikanische Politikwissenschaftler Francis Fukuyama in seinem Bestseller *Das Ende der Ge-*

schichte angesichts des Falls des Eisernen Vorhangs die kontinentale, »nicht verteidigte Grenze« zwischen den USA und Kanada zum Zukunftsmodell für eine offene Weltgesellschaft, von der damals nicht nur er glaubte, dass sie den Konflikt zwischen Großmächten hinter sich gelassen hätte.[7] Das hat sich inzwischen radikal geändert. Konflikte zwischen Großmächten halten sich hartnäckig, ebenso wie das Verlangen nach Sicherheit vor diffusen, oft imaginären Gefahren draußen in der Welt. Neu ist dabei, dass nun der »Westen« glaubt, man könne sich durch die Unterbindung des Austauschs und durch immer höhere symbolische, rechtliche und physische Mauern schützen. Zu diesen imaginären Gefahren gehört vor allem die Migration.

Dies mündet in eine Umdeutung des europäischen Versprechens. Frieden wird zunehmend reduziert auf Sicherheit im Sinne eines Polizeibegriffs von Recht und Ordnung.[8] Das zeigt sich in der Sprache der europäischen Vertragstexte. Wie dehnbar die Interpretation der »Ziele« ist, denen sich die Europäische Union verschrieben hat, kann man exemplarisch an der konsolidierten Fassung des Vertrags über die Europäische Union nachvollziehen. Seit dessen Erstfassung von 2008 wird in einer grundlegenden Passage, die aktuell Artikel 3, Absatz 2 bildet, bekräftigt, die Union solle ihren Bürgern einen »Raum der Freiheit, der Sicherheit und des Rechts ohne Binnengrenzen« bieten. Dieser Raum soll allerdings stets »in Verbindung mit geeigneten Maßnahmen in Bezug auf die Kontrollen an den Außengrenzen, das Asyl, die Einwanderung sowie die Verhütung und Bekämpfung der Kriminalität« gewährleistet werden. Der Hinweis auf die »geeigneten Maßnahmen in Bezug auf die Kontrollen der Außengrenzen« war im Vertrag von Maastricht 1992 noch nicht enthalten und wurde erst fünf Jahre später durch den

Vertrag von Amsterdam – und damit nach dem Inkrafttreten des Schengen-Durchführungsabkommens – eingeführt. Was »geeignete Maßnahmen« sind, wurde dabei nicht ausbuchstabiert. Dasselbe gilt für die »nationale Identität« der Mitgliedsstaaten, die nun geachtet werden soll, ohne dass deutlich wird, wie man eine solche Identität charakterisiert und wie diese Achtung mit den anderen Zielen der Union vereinbar sein soll (Art. 4 Abs. 2 der konsolidierten Fassung des Vertrags über die Europäische Union). Solche Inkonsistenzen und Mehrdeutigkeiten entstehen nicht aus Versehen, sondern sind beabsichtigt.

Die Umdeutung des Friedensideals in ein Sicherheitsdogma, die nicht näher definierte »geeignete Maßnahmen« zum Schutz der Außengrenzen vor Migranten legitimiert, führt zu einer eigentümlichen Janusköpfigkeit des europäischen Versprechens. Sie mischt dem Versprechen eine *Drohung* bei. Immer deutlicher wird nämlich, dass die Europäer nur *einander* Frieden und Sicherheit versprechen, nicht jedoch Außenstehenden, die nicht zu diesem Europa gehören. Ganz im Gegenteil. Die EU-Staaten versprechen einander den Einsatz immer massiverer Gewaltmittel, um unerwünschte Migration abzuwehren. Immer offener droht die Union potenziellen Migranten aus dem Osten und Süden mit dem Einsatz dieser Mittel. Ebenso knüpft sie gute Außenbeziehungen zu deren Herkunftsländern daran, dass diese die Abschottungspolitik unterstützen.

All dies ist Ausdruck davon, wie sich die europäische Grenzwahrnehmung verschoben hat. Denn im Herzen des europäischen Versprechens liegt eigentlich eine vollkommen neue Art, mit Grenzen Politik zu machen. Anders als vorherige Friedensprozesse auf dem kriegsgeplagten Kontinent baute die europäische Einigung nicht darauf auf, dass die

Staaten sich durch immer engmaschiger kontrollierte und militarisierte Grenzen voreinander sicherten. Sie strebten vielmehr danach, ihre Souveränität und den Frieden zu erhalten, indem sie Grenzen durchlässiger machten.

Grenzen im europäischen Einigungsprozess

Blickt man auf die entscheidenden Schritte des europäischen Einigungsprozesses bis in die achtziger Jahre, so ist aus heutiger Sicht frappierend, wie wenig Aufmerksamkeit über lange Zeit den europäischen Grenzen als Instrument der Migrationskontrolle geschenkt wurde.[9] So stark die heutige politische Debatte suggeriert, Migrationskontrolle sei der letztlich entscheidende Grund für die Existenz von Grenzen, so wenig schrieben liberale Staaten ihnen im Kalten Krieg diese Aufgabe zu. Kurz zusammengefasst, gab es drei Kernthemen der westeuropäischen Grenzgestaltung. Erstens die dauerhafte Befriedung der deutschen Westgrenzen. Dies war der springende Punkt der frühen europäischen Einigungsbemühungen nach dem Zweiten Weltkrieg. Zweitens ging es um die grenzüberschreitende wirtschaftliche und politische Kooperation in vollkommen neuartigen supranationalen Organisationen. Diese beiden Aufgaben bildeten den Kern des europäischen Einigungsprozesses. Hinzu kam drittens die Sicherung und Überwachung der Ostgrenzen zahlreicher europäischer Staaten gegen eine mögliche sowjetische Aggression. Diese Aufgabe lag in der Verantwortung der Nationalstaaten in enger Absprache mit der Nato bzw. im Falle der Bundesrepublik mit den Westalliierten. Damit soll nicht gesagt werden, dass die westeuropäischen Staaten keine restriktive Migrationspolitik verfolgten, sondern, dass Zuwanderung weder als eine europäische Frage noch als ein an den Grenzen zu regulierendes Problem gesehen wurde. Vielmehr galt umgedreht die sichtbare Migrationsunterbindung der kommunistischen Staaten an deren Grenzen als die Ultima Ratio diktatorischer Staaten.

Doch in Detailfragen zeigte sich, dass Migration immer wieder ein Medium war, um die Ränder Europas zu definieren. Wichtig war zum Beispiel der bereits erwähnte frühe Entschluss, gleich bei der Geburt des Gemeinsamen Marktes den Algeriern die Freiheit des Personenverkehrs zu verweigern. Ansonsten drehten sich die Diskussionen entweder um die europäischen Grenzen als lästige Hindernisse bei der Herstellung des Gemeinsamen Marktes und der entsprechenden Freizügigkeiten oder, mit Blick auf den Ostblock, als Garanten des äußeren Friedens. Erst auf dem Weg zum Abkommen von Schengen wurde das Ziel der innereuropäischen Personenfreizügigkeit mit dem Projekt einer europäischen Außengrenze verknüpft, die von nun an vor allem der Migrationsabwehr dienen sollte. In diesem Prozess, der als ein Höhepunkt der europäischen Einigung gilt, wurde die Idee *einer* europäischen Außengrenze geboren.

Deren Sicherung gegen ungenehmigte Überschreitung wurde so konzipiert, als ginge es um die Abwehr einer sicherheitspolitischen Bedrohung von Staat und Gesellschaft insgesamt. Anstatt über neue Formen der Regulierung von Migration durch die Ausdehnung der europäischen Freizügigkeit über Europa hinaus nachzudenken, griffen die Staaten auf den alten Modus der Konfliktbearbeitung durch Aufrüstung an den Grenzen zurück, indem sie als Ausdruck ihrer Souveränität neue Barrieren errichteten. Diese Barrieren werden zwar von den Nationalstaaten errichtet, dienen aber der Formung einer EU-Außengrenze. Dadurch entsteht die europäische »Grenze als Konfliktzone«.[10] Der prominenteste Akteur auf der Seite der Union ist dabei die 2004 gegründete Grenzschutzagentur Frontex.

Diese Tendenz zum Ausbau von Grenzen als Konfliktzonen verschärft sich. Nehmen wir das Beispiel der »Erklärung von Meseberg«, die bei einem gemeinsamen Treffen der Staats- und Regierungschefs sowie mehrerer Fachminister Deutschlands und Frankreichs im Juni 2018 beschlossen wurde. Darin wird angekündigt, die Zusammenarbeit mit der Türkei und anderen autoritären Regierungen zu verstärken, »um zu vermeiden, dass Menschen in Richtung Europa aufbrechen, um die illegale Migration zu bekämpfen und den Rückkehrprozess zu beschleunigen«. Zugleich versprachen die Unterzeichner zum wiederholten Mal mehr »Schutz der europäischen Außengrenzen durch eine anspruchsvolle Verstärkung des Personals sowie des Mandats von Frontex«.[11] So operiert die zunehmend zur bewaffneten Grenzpolizei aufgerüstete europäische Grenzschutzagentur Frontex ungeachtet ihrer supranationalen (und damit im europäischen Sinne eigentlich innovativen) Struktur gänzlich innerhalb der tradierten nationalstaatlichen Verteidigungs- und Abschottungslogik. Zugleich gilt Frontex nicht nur als die größte, sondern auch, in den Worten der zuständigen EU-Innenkommissarin Ylva Johansson, als »die wichtigste Agentur der ganzen Europäischen Union«.[12] Das wirft die Frage auf, wie diese Aufwertung der gegenwärtig praktizierten Grenzpolitik auf die europäische Idee und das darin enthaltene Versprechen zurückwirkt.

Dass es solche Rückwirkungen gibt, zeigt sich in der euphemistischen Sprache der »Erklärung von Meseberg« wie auch andernorts. Unter dem Slogan »Das Versprechen Europas für Sicherheit und Wohlstand erneuern« deutet sie unter der Hand die Dystopie eines *teilbaren* Friedens an. Dieser Frieden herrscht nur hinter den neuen Mauern. Er setzt überdies Gesellschaften voraus, die damit leben können, dass der Frieden der einen mit einem großen Unfrieden für andere einhergeht. Dies gilt für diejenigen, die »in Richtung Europa aufbrechen« wollen, sowie für jene, die sie dabei unterstützen oder sich für deren Menschenrechte einsetzen. Unterschlagen wird zudem, dass die Zukunft dieses geteilten Friedens nur zu haben ist, wenn sich die utopische Energie des europäischen Projekts mit einer geradezu verbrecherischen Energie verbindet, die sich in der Bereitschaft der EU-Staaten ausdrückt, an der gemeinsamen Außengrenze ein hohes Maß an gesetzloser Gewalt zu organisieren, zuzulassen oder durch Straflosigkeit zu befördern.[13]

»Crimes of peace«

Die These dieses Buches lautet, dass »wir« nicht unberührt bleiben von der Gewalt, die in unserem Namen »anderen« an der europäischen Außengrenze zugefügt wird. Die westlichen Gesellschaften wandeln sich und nehmen selbst Schaden durch die gewaltsame Abwehr von Migranten. Die Gewalt gegen Menschen jenseits der Grenze wirkt auch auf die Menschen diesseits der Grenze. Diesseits der Grenze müssen Menschen ausgebildet und Apparate aufgebaut werden, die zur Ausübung von Gewalt an der Grenze bereit und fähig sind. Die rasant wachsenden Budgets für diese Apparate bedürfen – ob direkt beschlossen oder als Teil größerer Haushaltsposten – der parlamentarischen Zustimmung. In der Hoffnung, ihre Effizienz zu erhöhen, werden Grenzschutzakteure einer allzu strikten, unabhängigen Kontrolle entzogen. Dafür bedarf es diesseits der Grenze einer Öffentlichkeit, die entweder nichts über die Grenzgewalt und ihre Folgen für unschuldige Zivilisten erfährt, oder die wegschaut, die Gewalt akzeptiert oder sie sogar aktiv begrüßt und unterstützt. Dies wiederum erfordert es, die kollektiven Affekte zu formen und der Bevölkerung einzureden, dass sie allen Grund hat, sich vor Migranten zu fürchten. All das hat Folgen für den Rechtsstaat, die Medienberichterstattung und politische Mobilisierungen – Folgen, die in ihrer Summe eine Gefahr für die offene Gesellschaft darstellen.

Damit soll nicht gesagt werden, dass diese Gefährdung immer intendiert ist. Die Vordenker und Planer der neuen Mauern gegen unerwünschte Migration mögen vielmehr darauf setzen, dass die Gewalt an den Grenzen verbleibt und nicht in die zu schützende Gesellschaft diffundiert. Die Vorstellung wird gestützt durch das altbekannte literarisch-philosophische Motiv der »schmutzigen Hände«, also der Vorstellung, dass man gelegentlich illegale oder unmoralische Maßnahmen ergreifen muss, um höhere moralische Ziele wie den Schutz der freien Gesellschaft zu gewährleisten. Dieses Motiv übersieht jedoch die mögliche »moralische Korrumpierung«[14] des Kerns der Gesellschaft durch die Gewalt an ihren Rändern oder, in einer anderen Theoriesprache, die Spillover-Effekte, durch die Handlungen oder Ideen von einem gesellschaftlichen Bereich auf andere Bereiche übergreifen.[15]

Bevor wir solche bedrohlichen Spillover-Effekte im dritten Kapitel genauer ausleuchten können, müssen wir uns allerdings erst genauer damit beschäftigen, wie die Wahrnehmung von Grenzen sowie das gegenwärtige Grenzregime und die an von ihm ausgehende Gewalt miteinander zusammenhängen. Der Anthropologe Maurizio Albahari hat die europäische Gewalt zur Abwehr von Migranten aus dem

Globalen Süden als »crimes of peace« bezeichnet – Verbrechen, die an unbewaffneten Zivilisten begangen werden, um einen geteilten Frieden herzustellen. Frieden für die einen, Unfrieden für die anderen. Der Begriff stammt aus der italienischen Anti-Psychiatrie-Bewegung der siebziger Jahre, die das Wegsperren von Menschen mit psychischen Erkrankungen in »Irrenhäusern« anprangerte. Kritisiert wurden damals nicht nur einzelne dokumentierte Übergriffe und Misshandlungen von Insassen, sondern mehr noch die routinierte Gedankenlosigkeit der Anstaltspsychiatrie und der Versuch, ein soziales Problem durch räumliche Absonderung für die Öffentlichkeit unsichtbar zu machen, anstatt es zu lösen. Albahari sieht Parallelen zwischen dem Kampf gegen die Anstaltspsychiatrie der Vergangenheit und dem Widerstand gegen die Abschottungspolitik Europas gegenüber außereuropäischen Migranten: das enorme Machtungleichgewicht zwischen Psychiatern und Patienten bzw. zwischen Sicherheitskräften und Migranten; die habituelle Gleichgültigkeit der Verantwortlichen gegenüber den Folgen ihres Handelns und möglichen Alternativen; sowie die merkwürdige Ambivalenz im Umgang mit der »unausweichlichen Körperlichkeit des Menschen«, die dazu führt, dass notleidende Körper manchmal gerettet und versorgt, andere Male aber vorsätzlich vernachlässigt und misshandelt werden.[16]

Der Hinweis auf die Körperlichkeit des Menschen ist zentral für das Verständnis der heutigen Grenzregime. In Visa-Abteilungen, bei Einreisekontrollen oder in Asylverfahren werden Reisende und Ankömmlinge nach ihren Motiven und Plänen befragt. Aber außerhalb dieser Kontaktpunkte sind moderne Grenzregimes so angelegt, dass die Absichten von Migranten gar nicht relevant sind. Zäune, biometrische Erkennungsgeräte, Drohnen, Thermosensoren und Kameras sind dazu da, bewegliche Körper zu beobachten und ihren Zugang zu dem für sie verbotenen Territorium Europa zu unterbinden. Viele dieser Technologien könnten auch dazu dienen, Menschen auf sicheren Wegen zu leiten oder sie aus konkreten Gefahren zu retten. Indem die Grenzpolizeien und Frontex sie mit gegenteiliger Intention einsetzen und entwickeln, entsteht ein neuer Technologiemarkt zugunsten eines Grenzschutzes, der dem Recht auf Leben übergeordnet ist.

Biopolitische Grenzen machen sich den Umstand zunutze, dass der Mensch, wie es der Soziologe Heinrich Popitz ausdrückte, »in vielfältiger und subtiler Weise verletzungsoffen« ist.[17] Erst durch diese Verletzungsoffenheit wird der Einsatz von Gewalt zu einem wirksamen Machtinstrument. Weil sie verletzlich sind, können Menschen durch Gewalt oder durch ihre glaubhafte Androhung gezwungen werden, sich machtkonform zu verhalten. Das gilt auch für die Gewalt gegen migrationswillige Personen im Umfeld von Staatsgrenzen oder vorgelagerten Grenzkontrollen.

Eine Besonderheit der in diesem Buch betrachteten Gewalt liegt darin, dass sie einseitig ist und scheinbar ohne jede effektive Gegenwehr ausgeübt wird. Anders als bei Grenzkonflikten zwischen Staaten oder zwischen Zentralregierungen und separatistischen Bewegungen treffen bei Grenzkonflikten über Mobilität bewaffnete und uniformierte Staatsbedienstete und manchmal auch bewaffnete Bürgerwehren auf unbewaffnete Zivilisten, die der Gewalt schutzlos ausgeliefert sind. Bilder wie die von schwer ausgerüsteten Grenzpolizisten auf Pferden, die flüchtende Schwarze aus Haiti in den Rio Grande zurücktreiben, indem sie die Zügel als Peitsche einsetzen – oder von Maskierten, die im Rahmen der von der EU mitfinanzierten Operation Korridor an der Grenzen Kroatiens Flüchtlinge mit Schlagstöcken über die Grenze nach Bosnien zurückprügeln –, illustrieren die Wehrlosigkeit vieler Migranten angesichts der organisierten und direkten körperlichen staatlichen Gewalt an der Grenze.[18] Diese sichtbare Schutzlosigkeit ist Teil der öffentlichen Inszenierung der Grenzgewalt und dient auch dem Zweck, Gedanken an die Möglichkeit einer friedlichen Grenzüberquerung oder an eine zivile Gegenwehr, die es in demokratischen Gesellschaften und damit auch an Grenzen immer noch gibt, im Keim zu ersticken. Nichts erinnert hier mehr an die alttestamentarische Geschichte von David und Goliath. Eher ähneln solche Bilder an Übungen der Spartaner, von denen Popitz berichtet, dass sie an bestimmten Tagen im Jahr ihre rechtlosen Heloten überfielen und verprügelten, um aller Welt zu zeigen, wer im Land das Sagen hatte.[19]

Die Inszenierung Europas und seiner Staaten als angeblich verletzbare Körper ermöglicht die Rechtfertigung von Gewalt gegen die realen Körper von Migranten und erlaubt zudem die Umgehung elementarer staatlicher Schutzpflichten.[20] Popitz weist darauf hin, dass der besonderen Verletzungsoffenheit des Menschen eine besondere »Verletzungs-Phantasie« entspricht.[21] Menschen sind außerordentlich erfinderisch darin, anderen Menschen Leid zuzufügen. Im Zeitalter von Nationalismus und Biopolitik bekommen das vor allem unerwünschte, als kulturell inkompatibel markierte »Fremde« zu spüren. Das hat damit zu tun, dass Migranten anhand historisch eingeübter Interpretationsmuster als eine Bedrohung wahrgenommen werden, und zwar als eine Bedrohung der Existenz des Staats selbst. Daraus ergeben sich Forderungen nach einer immer robusteren Befestigung der Grenzen.

Die Grundlagen für solche Forderungen, so der politische

Geograf Reece Jones, sind »ziemlich dünn, es sei denn, man greift auf rassistische Argumente zurück«.[22] Diese Argumente entstanden mit der Herausbildung moderner Verwaltungsstaaten. Es ist daher kaum verwunderlich, dass die Vorstellung von der lebenswichtigen Funktion der Staatsgrenze auf jene Zeit zurückgeht, in der der sogenannte »wissenschaftliche Rassismus« wilde Blüten trieb. Für die damit einhergehende Neuerfindung der Grenze war der deutsche Mitbegründer der Kulturgeografie Friedrich Ratzel (1844-1904) besonders bedeutsam. Ratzel hatte natürlich Deutschland und andere Nationalstaaten im Blick, nicht ein supranationales Gebilde wie die Europäische Union. Doch da die EU ihre Außengrenze am Bild tradierter nationaler Grenzen und nicht am Gedanken der offenen binneneuropäischen Grenzen ausrichtet, prägt das damals entwickelte Denken bis heute das Bild, das sich nicht nur Politiker und Grenzschützer von der »immunitären Funktion« der europäischen Außengrenze machen.[23] Nach Ratzel muss man sich Staaten nicht mehr wie bei Hobbes als künstliche Körper oder Maschinen vorstellen, sondern als lebendige Organismen, die »alle Merkmale eines beweglichen Körpers« tragen.[24] Die Staatsgrenzen sind dann nicht mehr nur Linien auf der Karte, sondern Körpergrenzen, gleichsam die Außenhaut des Staats, von der es heißt, dass wir sie wie unsere eigene Haut schützen müssen.

Dieses biopolitische Phantasma eines Volks- oder Staatskörpers war entscheidend, um das Bedrohungspotenzial an den Grenzen aus dem klassisch politischen in einen biopolitischen Bereich zu verlagern. Es trug dazu bei, dem rassistischen Glauben, dass Migranten Merkmale, Fähigkeiten oder auch Krankheiten in sich tragen, die ganze Völker stärken oder schwächen können, mit einem pseudowissenschaftlichen Anstrich zu versehen. Diese Vorstellungswelt befeuerte neue Konflikte um die Durchlässigkeit von Grenzen für mobile Personen. Sie bereitete den Weg für die Entmenschlichung und Objektivierung von Migranten. Nach Ratzel ist nämlich die Grenze dasjenige Organ des Staats, wo die »Aufnahme und Ausgabe aller der Stoffe stattfindet, die das Leben eines Volkes und Staats braucht und abgibt« – also eine Art Ernährungs- und Verdauungssystem. Sie ist ein »peripherisches Organ«, das außen liegt, an den Rändern des Staats, aber gerade deswegen für das Überleben des Staats und sein Innenleben von zentraler Bedeutung ist.[25]

Einerseits entdeckte Ratzel damit, dass die Biopolitik der modernen Staatsgrenze zugleich Gesellschaftspolitik ist. Andererseits verband er dies direkt mit Ängsten um das an den Grenzen zu sichernde Überleben von Staaten und Völkern. Die naturalisierende Vorstellung von territorial abgeschlossenen Staaten und der Grenze als einem überlebenswichtigen Organ begünstigt bis heute Übergriffe und Verbrechen an Migranten, die immer wieder als unverdauliche Fremdkörper klassifiziert werden – etwa, in den Worten von Matteo Salvini, als bloßes »Menschenfleisch« (*carne umana*). Gleichzeitig verschleiert die Idee der Grenze als eines schützenswerten Organs diese Verbrechen, indem sie die komplette Kontrolle der Passage von einem Land ins andere zu einer notwendigen, ja geradezu natürlichen Funktion von Grenzen erklärt.

In der Rede von unseren »Sicherheitsorganen« an der Grenze oder davon, dass territoriale Grenzen nicht nur überschritten, sondern auch »verletzt« werden können, sind Anklänge an das biologistische Denken Ratzels und seiner Nachfolger bis heute unüberhörbar. Eine solche Bildsprache mag anachronistisch anmuten, findet aber gleichwohl ein Echo in den Diskursen, Praktiken und Technologien der Migrationsabwehr durch das europäische Grenzregime.[26]

Das Spektrum der Gewalt an den Grenzen

Wenn man sich die Grenze des Staats nicht als eine beliebig einstellbare »Sortiermaschine« vorstellt, sondern als eine Haut, die gerettet werden muss, liegt Gewalt in der Luft.[27] Dann wird die Grenze zu einem lebenswichtigen Gut, einem Organ des Volkskörpers, das mit allen Mitteln geschützt zu werden verdient. Und zwar nicht nur vor feindlichen ausländischen Mächten oder separatistischen Kräften im Innern, die eine Verschiebung von Staatsgrenzen anstreben, sondern eben auch vor Zivilisten, die einfach nur einreisen oder einwandern wollen. Pushbacks werden dann nicht mehr als völkerrechtswidrige Vergehen betrachtet. Vielmehr erscheinen sie als Handlungen, die ebenso selbstverständlich sind wie die Immunreaktion eines Körpers auf Fremdstoffe oder Krankheitserreger. Wer so denkt und fantasiert, ist zu allem fähig.[28]

Wer über globale Migration redet, sollte daher nicht über befestigte Grenzen schweigen, die dazu da sind, die globale Bewegung unerwünschter, rassistisch abgewerteter Personen zu unterbinden. Dies geschieht, indem Infrastrukturen aufgebaut werden, die systematisch auf Abschreckung setzen. Das neue »Zeitalter« der Migration, von dem manche sprechen, beinhaltet entfesselte Gewalt einschließlich der gelegentlichen Tötung Einzelner oder ganzer Gruppen von Migranten im Rahmen von Pushbacks.[29] Hinzu kommen immer neue Lager, lagerartige Slums, Hotspots und Haftanstalten für Menschen, die nie vor einem Gericht standen und verurteilt wurden.[30]

Vor wenigen Jahren träumte ein US-amerikanischer Präsident (und träumt wohl weiterhin) nicht nur vom Bau einer großen Mauer im Süden seines Landes, sondern auch davon, auf Migranten schießen zu lassen.[31] Der Wunsch nach einem Schießbefehl an der Grenze wurde gelegentlich auch in Deutschland während der Flüchtlingsbewegung der Jahre 2015 und 2016 geäußert. Tatsächlich wird immer wieder auf Flüchtlinge geschossen, etwa von der libyschen Küstenwache, einer Art Miliz auf dem Wasser, die unter anderem von Italien und der EU mit bezahlt und ausgerüstet wird, um Migranten an der Überfahrt nach Europa zu hindern.[32] Auch wissen wir, dass griechische Soldaten in der Grenzregion zur Türkei auf Flüchtlinge geschossen und sie getötet haben.[33]

Das ist aber nur die Spitze des Eisbergs. Die meisten Migranten, die ihre Reise nicht überleben, werden nicht von uniformierten Soldaten oder Polizisten erschossen. Sie verlieren ihr Leben auf andere Art, etwa dadurch, dass sie genötigt werden, offizielle Grenzübergänge durch gefährliche Umwege über Gebirge, Meere oder Wüsten zu umgehen. Ein großer Fluss, so bereits Clausewitz, kann ebenso wie ein Gebirge als eine »taktische Barriere« betrachtet werden, die das Manövrieren einer vorrückenden Armee erschwert.[34] So denken auch die Architekten der neuen Mauern, obwohl sie es gar nicht mit vorrückenden Armeen, sondern mit Migranten zu tun haben. Auch im Abwehrkampf gegen unerwünschte Migranten werden geografische Strukturen bewusst einkalkuliert. Das Mittelmeer oder die Sonora-Wüste in Arizona sind immer wieder Schauplätze der Rettung und des Todes von Migranten.[35]

Es hängt allerdings immer von den Gesellschaften ab, welche Seiten einer Landschaft politisch bedeutsam werden. Die

Sahara oder das Mittelmeer sind nicht von Natur aus Barrieren, sondern haben in der Geschichte immer auch als Medien und Brücken gedient.[36] Da man in Wüsten oder auf Meeren nicht siedeln kann, sind sie auch Zonen der schnellen Durchquerung und des historisch gewachsenen Austauschs. Das hat die Regionen geprägt und soll nun, im Zeitalter globaler Migrationskontrollen, gewaltsam enden. Es ist wohl kein Zufall, dass Landschaften, die früher oft als Brücken dienten, mit deren Hilfe die nördlichen Staaten ihren Reichtum mehrten, heute mit modernsten Methoden und Technologien in Todesstreifen umgewandelt werden. Dabei bekämpft eine Migrationspolitik, die Landschaften situativ gegen Mobilität einsetzt, nicht allein Migranten. Sie richtet sich auch gegen die eigene Geschichte von Mobilität und Austausch.

Die Folge sind zahlreiche Tote entlang der Migrationsrouten. Die Internationale Organisation für Migration, eine Agentur der Vereinten Nationen, meldet, dass seit 2014 weltweit fast 52 000 Personen bei dem Versuch umgekommen sind, ohne gültiges Visum oder Aufenthaltserlaubnis in ein Land einzureisen, dessen Staatsangehörigkeit sie nicht besitzen. Die Hälfte dieser Toten wird an den Rändern Europas gezählt.[37] Dabei ist die bekannte Opferzahl nur eine niedrige Schätzung, die auf Berichten, der Zählung tatsächlich gefundener toter Körper oder Überbleibsel von Verschollenen beruht. Die Zahl der Toten, zum Beispiel auf atlantischen Routen wie denen, die von Mauretanien, Gambia oder Senegal zu den Kanarischen Inseln führen, ist sehr viel höher. Das wissen wir, weil spezialisierte Organisationen viel intensiver forschen, um diese Zahlen zu ermitteln. So werden Familienangehörige in den relevanten afrikanischen Ländern aufgefordert, Vermisstenanzeigen aufzugeben oder Nachrichten von Menschen zu teilen, die ihre lebensgefährliche Reise nach Europa in den sozialen Medien angekündigt haben. Die Ergebnisse solcher Recherchen fördern immer wieder erschreckend hohe Zahlen von Vermissten zutage.[38]

Wie sterben die Migranten, die von europäischen Staaten erfolgreich abgewehrt werden? Viele ertrinken im Mittelmeer oder auf dem Weg von der afrikanischen Westküste zu den Kanarischen Inseln, weil ihre Boote kentern, teilweise unter den Augen von Grenzschützern, die den Menschen beim Sterben zusehen.[39] Andere verdursten in der Sahara. Oder sie sterben an Unterkühlung im polnisch-belarussischen Urwald. Manche verbluten auch an Verletzungen, die sie sich an den rasiermesserscharfen Widerhaken des Nato-Drahts zuziehen, mit dem einige Länder ihre Grenzen schützen. Wieder andere sterben nach Stromschlägen, wenn sie versuchen, auf den Dächern von Zügen heimlich über Grenzen zu fahren. Oder sie ersticken in versiegelten Lastwagen, in denen sie geschmuggelt werden sollen. Die Liste ließe sich noch lange fortsetzen.

Vieles davon passiert nicht nur außerhalb und auf dem Weg nach Europa, sondern manchmal auch auf dieser Seite der europäischen Außengrenze, zum Beispiel auf den zahlreichen Routen, die von der italienischen Stadt Ventimiglia durch das Roya-Tal über die Grenze nach Frankreich führen. Frankreich hat entlang dieser Grenze 2015 wieder mobile Grenzkontrollen eingeführt, um Migranten aus Eritrea, Äthiopien, dem Sudan, der Côte d'Ivoire und anderen Ländern abzuwehren, die von Italien aus weiter nach Westen oder Norden ziehen wollen. »Nachdem ich Libyen überlebt habe, hätte ich nie im Traum daran gedacht, dass es so schwer sein würde, diese Grenze zu überqueren«, so der Kommentar eines jungen Sudanesen, nachdem er von der französischen

Polizei aufgegriffen wurde.[40] Hier wie auch sonst führt die Verschärfung der Grenzkontrollen dazu, dass Menschen immer riskantere innereuropäische Umwege wählen, um den Kontrollen auszuweichen. Manche von ihnen finden dabei den Tod.

Drei Typen von Gewalt

Die Gewalt an den europäischen Grenzen zielt im Kern darauf ab, andere, nicht-europäische Körper zurückzudrängen und wegzuschaffen, weil sie als Bedrohung eigener Interessen wahrgenommen werden. Jan Philipp Reemtsma nennt diesen Typus von Gewalt »lozierend«. Ihr Ziel besteht darin, bestimmte Körper möglichst dauerhaft von einem Ort an einen anderen zu schaffen, von der Grenze ins Ausland oder in ein Lager für irreguläre Migranten.[41]

Um in einer ersten Annäherung das Phänomen der eskalierenden Grenzgewalt zu verstehen, ist es jedoch wichtig, auch auf die beiden anderen von Reemtsma definierten Gewalttypen hinzuweisen. Einmal auf die »raptive« Gewalt, die sich eines anderen Körpers zum Zweck der Inbesitznahme oder Zerstörung fremden Eigentums oder der sexuellen Beherrschung bemächtigt. Zum anderen auf die um ihrer selbst willen ausgeübte »autotelische« Gewalt, die den anderen Körper einfach nur verletzen will, ohne damit einen weitergehenden Zweck zu verfolgen.[42] Leider gibt es auch für die Ausbreitung dieser beiden letztgenannten Typen von Gewalt zahlreiche Belege an den europäischen Außengrenzen.

Grenzschutzbeamte und andere Sicherheitskräfte stehlen aufgegriffenen Flüchtlingen regelmäßig Mobiltelefone, Ladekabel und Powerbanks, Geld, Ausweispapiere, Kleidung und andere Gegenstände. Internetfähige Handys werden immer wieder gezielt und systematisch zerstört, um die Orientierung in grenznahen Regionen so schwierig wie möglich zu gestalten. Schwerer wiegen Fälle sexualisierter Gewalt vorwiegend gegen Frauen, die bei dem Versuch einer irregulären Einreise gestoppt und festgenommen werden. In Litauen sollen Aufseher festgehaltene Frauen mit dem falschen Versprechen einer Freilassung sexuell gefügig gemacht haben.[43] Das Border Violence Monitoring Network, ein Zusammenschluss zahlreicher Menschenrechtsorganisationen, die sich auf die Dokumentation von Gewalthandlungen an den Grenzen Europas spezialisiert haben, berichtet regelmäßig über sexualisierte Gewalt durch Polizisten, Soldaten oder Aufsichtspersonal gegen Geflüchtete und Migranten. Dazu gehören Aufforderungen, sich öffentlich auszuziehen, anlasslose körperliche Durchsuchungen sowie immer wieder sexuelle Übergriffe.[44]

Schließlich entstehen an der europäischen Außengrenze (sowie ihren Vorposten in Nordafrika) zahlreiche Orte einer um ihrer selbst willen ausgeübten »autotelischen« Gewalt, die auf die Beschädigung der Körper von deklassierten, mobilen Personen zielt, die nicht, wie es die EU-Kommissionspräsidentin Ursula von der Leyen und andere Politiker ausdrücken, aus Ländern stammen, die zur »europäischen Familie« gehören. Berichte über solche Gewaltpraktiken beruhen auf den Aussagen von Betroffenen und Zeugen, die oft unterstützt werden durch Fotos und ärztliche Atteste, wie sie etwa die Organisation Ärzte ohne Grenzen ausstellt.[45]

So zeigen beispielsweise Untersuchungen zur Gewalt an der Grenze zwischen Kroatien und Bosnien-Herzegowina vor allem eins: ein Muster des organisierten Exzesses. Diese Gewalt ist auch deswegen bemerkenswert, weil Kroatien als ein europäischer »Musterschüler«[46] in Sachen Grenzschutz gilt und deswegen im Dezember 2022 als jüngstes Mitglied in den Club der Schengen-Länder aufgenommen wurde – gegen den Protest von Menschenrechtsorganisationen. Geflüchteten, die es über die Grenze nach Kroatien geschafft haben, wird nicht nur das Recht auf Asyl verweigert, sondern sie werden systematisch körperlich angegriffen. Manchmal wählt die kroatische Polizei gezielt ältere Flüchtlinge aus, die eine hohe Achtung bei den anderen genießen, und verprügelt diese dann gnadenlos vor den Augen aller.[47] Solche Demütigungsrituale produzieren immer wieder eine ähnliche Reaktion bei den Opfern der Gewalt, die in Interviews angeben, sie seien »wie Tiere behandelt worden«.[48] Dazu passen Bilder wie die aus dem ungarischen Container-Lager Röszke an der serbischen Grenze, in dem Asylbewerber rechtswidrig festgehalten und in einer Weise versorgt wurden, die an die Fütterung von Tieren im Zoo erinnert.[49]

Neben Foltermethoden wie der Zufügung von Elektroschocks und dem Ausdrücken brennender Zigaretten auf nackten Körpern ist eine Spielart des Spießrutenlaufs gut dokumentiert. Dabei mussten aufgegriffene Flüchtlinge durch eine Gasse aus zwei Reihen von kroatischen Polizisten laufen, die sie mit Knüppeln traktierten. Knochenbrüche gehörten zu den häufigsten Folgen dieser und anderer Qualen.[50]

Die kroatischen Polizisten arbeiten oft mit ihren Kollegen in Slowenien und Serbien zusammen. In einigen nachgewiesenen Fällen operierten sie in kleinen Gruppen, trugen schwarze oder dunkelblaue Uniformen, oft auch Skimasken. Einige traten in Zivilkleidung auf. Zeugenaussagen verweisen zudem darauf, dass die Polizei gelegentlich Hinweise aus der Bevölkerung bekam, die ihr halfen, Verstecke oder klandestine Routen von Migranten aufzuspüren. Dafür gab es dann kleine finanzielle Belohnungen.[51]

Auch an anderen Schauplätzen ist man erfinderisch. Die griechische Polizei ist dazu übergegangen, sich nicht mehr nur selbst die Hände schmutzig zu machen. So werden inzwischen auch Flüchtlinge für die Vertreibung anderer Flüchtlinge in Dienst genommen. Die Polizei macht ausgewählte Männer, denen sie die meisten Rechte verweigert, zu Kollaborateuren der gewaltsamen Migrationsabwehr. Die Gegenleistung? Das Versprechen, Aufenthaltspapiere zu erhalten und in Europa bleiben zu dürfen. »Dieses Vorgehen«, kommentierte Luise Amtsberg, die Menschenrechtsbeauftragte der Bundesregierung, »ist ein Bruch mit allen Werten, die wir in der Europäischen Union vertreten.«[52] So hat man sich das europäische Versprechen wohl nicht vorgestellt.

Die Neuerfindung der europäischen Grenze

Selbst regierungsnahe Kreise geben es also zu: Eine Folge der verschärften Migrationsabwehr ist der Bruch mit den ansonsten stets hochgehaltenen »europäischen Werten«. Europa geht es nicht um die Verhinderung der Abwanderung der eigenen Bürger, sondern darum, die Zuwanderung zumeist rassistisch markierter Nichtbürger zu verhindern. Die Unterscheidung zwischen verweigerter Abwanderung und verweigerter Zuwanderung verschwimmt allerdings dadurch, dass sich autoritäre Regimes in der Türkei, Libyen, Marokko oder Niger von Europa dafür bezahlen lassen, Migranten notfalls mit Gewalt aufzuhalten, bevor sie auch nur in die Nähe der offiziellen europäischen Außengrenze gelangen. Für diejenigen, denen ihr Recht auf Mobilität genommen wird, macht es kaum einen Unterschied, ob sie bereits an den Grenzen des eigenen Landes von »eigenen« Sicherheitskräften gestoppt werden oder erst später, wenn sie die Grenzen anderer Länder erreichen. Tatsache ist, dass das neue Delikt der »illegalen Ausreise« aus einem Staat geschaffen wird, indem Europa Grenzkontrollen von der Türkei bis an die Südgrenze der Sahara auslagert, um Zuwanderung zu verhindern.[53] Dabei greift die EU zunehmend auf Abkommen mit Staaten zurück, die selbst Herkunftsorte von Flüchtlingen sind, und verwehrt so vielen Flüchtlingen das Menschenrecht auf Ausreise aus dem eigenen Staat.[54]

Die Besonderheiten des europäischen sowie des US-amerikanischen Grenzregimes – das uns hier nur am Rande interessiert – liegen nicht einfach nur darin, dass die Durchlässigkeit von Staatsgrenzen für bestimmte Personengruppen vor allem aus dem Globalen Süden auf vielfältige Art massiv verringert wird. Vielmehr sind es zwei Aspekte, die wir an dieser Stelle hervorheben möchten.

(1) Eine erste Besonderheit besteht in der systematischen und exzessiven Gewalt gegen Zivilisten. Die kritische Forschung zu diesem Thema ringt um Begriffe und Deutungsmuster, um die Gewalt an den Grenzen und das massenhafte Leid, das durch diese Gewalt verursacht wird, zu beschreiben. Die Rede ist manchmal sogar von einem »Krieg« gegen die Migration – eine Metapher, die allerdings auch von den Verteidigern der gewaltsamen Migrationsabwehr gelegentlich bemüht wird. So hat der portugiesische Parlamentspräsident Augusto Santos Silva von der Sozialistischen Partei im Rahmen einer Nato-Konferenz betont, dass »der Einsatz von Migranten als hybride Waffe« an der europäischen Süd- und Ostgrenze »eine der bedeutendsten Bedrohungen« der Gegenwart darstellt.[55]

Eine andere Deutung, die von Kritikern vorgebracht wird, vergleicht die Toten an den Außengrenzen Europas und entlang der Migrationsrouten mit denen, die lateinamerikanische Diktaturen in den siebziger und achtziger Jahren haben »verschwinden« lassen. Das gewaltsame Verschwindenlassen bedeutet, dass Personen festgenommen, entführt und zumeist getötet wurden, ohne dass die Angehörigen oder die Öffentlichkeit über das Schicksal und den Verbleib der verschwundenen Person erfuhren. Das Verbrechen besteht sowohl im Verschwindenlassen einer Person als auch in der »Verschleierung« ihres Schicksals, die unternommen wird, um die Hinterbliebenen und Sympathisanten dauerhaft existenziell zu verunsichern.[56] Der Vergleich irregulärer Migranten, die ihr Ziel nicht erreichen und buchstäblich auf der Strecke bleiben, mit »Verschwundenen« ist nicht wörtlich gemeint, wohl aber eine starke politische Metapher in den Grenzkonflikten der Gegenwart. Beide sind Opfer von Entmenschlichung und Gewalt. In der Welt von heute sind irreguläre, auf Menschenschmuggler angewiesene Migranten oft nichts anderes als Personen ohne Rechtsschutz, Nachfahren der Vogelfreien und Todgeweihten vergangener Zeiten, nekropolitische Figuren, die verschwinden können, ohne dass jemand nach ihnen sucht oder sich an sie erinnert.[57]

Gegen diese drohende Welt befestigter Grenzen, in der es nur noch darum geht, bestimmte Menschen loszuwerden,[58] regt sich selbstverständlich auch Widerstand aus dem Inneren demokratischer Gesellschaften. So werden tote Migranten immer mehr zu einem Gegenstand des öffentlichen Interesses und der Forschung. Einzelne Initiativen in Europa oder Nordafrika versuchen, gegen die Errichtung einer Art Klassengesellschaft der Toten anzukämpfen – einer Gesellschaft, in der die große Unterschicht der Verstorbenen dem

Vergessen preisgegeben wird, während die wenigen, deren Körper gefunden wurden und von denen vielleicht ein ikonisches Foto oder eine verwertbare Story existiert, zumindest von einigen öffentlich betrauert werden. Auch die, die in der *weißen* Welt nicht zählen, sollen gezählt werden. Auch ihre Geschichte soll erzählt werden – aber wer hört noch zu?[59]

(2) Wenn man die Eigenart des neuen europäischen Grenzregimes bestimmen will, sind zweitens die außerordentlichen symbolischen Anstrengungen zu nennen, die unternommen werden, um dieses Regime aufrechtzuerhalten – oder auch zu unterminieren. Dazu gehört zuallererst die Kategorie der »irregulären« oder »illegalen Migration«. Sie hat sich derart normalisiert, dass Politik und Presse oft von »illegalen Migranten« sprechen, wenn sie schlicht Schutzsuchende meinen. Es ist bemerkenswert, dass dieser Begriff in den Dokumenten der EU in den Jahren nach dem Fall der Berliner Mauer kaum Erwähnung findet.[60] Drogenschmuggel, Terrorismus, Waffenschmuggel, allgemeine Kriminalitätsbekämpfung und Polizeikooperation galten zunehmend als gesamteuropäische Aufgaben, nicht jedoch die Unterbindung irregulärer Grenzübertritte. Das änderte sich erst mit der Umsetzung des Schengener Abkommens und den Vorbereitungen zur Schaffung einer europäischen Grenzschutzagentur. In der Sprache von Frontex, die sich wiederum auf die Sprache der Wissenschaft und wissenschaftsnaher Experten stützt und nun zur Sprache der politischen Eliten und ganzer Gesellschaften zu werden droht, ist die irreguläre Migration das dunkle Gegenbild zu den ausdrücklich erwünschten »legitimate passenger flows« von Touristen, Geschäftsleuten und qualifizierten Arbeitskräften rund um die Erde.[61] Diese binäre Sprache verkürzt die komplexen sozialen und rechtlichen Bedingungen insbesondere von Fluchtmigration auf einen

Begriff, der Grenzübertritte zum Zweck der Schutzsuche zu einem Vergehen erklärt. Damit soll die Einwanderung schutzsuchender Personen kriminalisiert werden, die doch das internationale Recht auf ihrer Seite haben.

Inzwischen gilt »irreguläre Migration« nicht nur als ein europäisches Problem, sondern als eine echte Bedrohung für Europa, die immer wieder in einem Atemzug mit dem Terrorismus und der Organisierten Kriminalität genannt wird.[62] Weitere symbolische Anstrengungen dienen dazu, die Abschottungspraktiken rhetorisch zu umhüllen. Kritiker verweisen darauf, dass der juristische Begriff des Pushbacks verharmlosend ist. Wenn Migranten auf offener See in nicht mehr manövrierbaren Booten zurückgelassen werden, haben wir es nicht einfach mit Pushbacks, sondern mit Menschenrechtsverletzungen zu tun, die den Willen offenbaren, »die Anwesenheit einer Person auf der Erde auszulöschen«.[63]

Die symbolische Infrastruktur des europäischen Grenzregimes

Die rhetorische Schaffung und Umdeutung von Problemen gehört zur symbolischen Infrastruktur der neuen europäischen Grenzen. Die Rhetorik der Bedrohung durch irreguläre Migrationsbewegungen wird manchmal auch von nationalen Regierungen genutzt, um einen Frontex-Einsatz zu erzwingen, um innenpolitische Vorteile zu erlangen oder um eigene Interessen als gesamteuropäische zu verkaufen.[64] Immer geht diese Rhetorik einher mit der Suggestion der Alternativlosigkeit der gegenwärtigen Ordnung der Grenzen. Wenn man erst einmal daran glaubt, dass Migration eine Bedrohung ist, dann akzeptiert man schnell Maßnahmen zur

Verteidigung, auch wenn sich diese angeblich alternativlosen Maßnahmen bei genauerer Betrachtung als wirklichkeitsfremd erweisen.

Die Etablierung der Kategorie einer »irregulären« Migration im schroffen Gegensatz zum legitimen Personenverkehr, die Erfindung des »Problems« der Migration und die fantasiegestützte Steigerung dieses Problems zu einer existenziellen kollektiven Bedrohung – all diese symbolischen Anstrengungen rechtfertigen die Gewalt an den Außengrenzen. Diese Gewalt findet in einem merkwürdigen Zwischenraum statt. Sie spielt sich einerseits im Verborgenen ab und wird verschleiert, während sie andererseits aber auch öffentlich kommuniziert werden muss, um wirksam zu sein. Grenzgewalt findet in einer Sphäre prekärer Heimlichkeit statt. Sie soll dem Auge verborgen bleiben und in ihren Effekten doch repräsentiert werden. Die Gewalt stellt eine Aktionsmacht dar, die Menschen dauerhaft aus einem bestimmten Territorium entfernen oder ihre Körper beschädigen soll. Zugleich soll sie aber auch Botschaften übertragen, die sich an potenzielle Migranten richten, aber auch an die Bevölkerung im Inneren der Gesellschaften, um deren Schutz es angeblich geht. Die Migranten sollen verstehen, dass der Versuch des Grenzübertritts sinnlos ist. Die europäische Öffentlichkeit soll verstehen, dass das gegenwärtige Grenzregime wehrhaft und alternativlos ist.

Die zahlreichen Fälle, die den Verdacht von Straftaten und Menschenrechtsverletzungen durch Grenzschutzbeamte oder anderes Sicherheitspersonal in den Auffanglagern und Hotspots nahelegen, führen gelegentlich zur Ankündigung interner Untersuchungen. Diese verlaufen dann aber meistens im Sande. Einerseits behaupten Sprecher der EU, es handele sich um unglückliche Einzelfälle, um Defizite eines sonst funktionalen Systems. Andererseits sind sie offenkundig außerstande, diese Einzelfälle abzustellen. Ein Vergleich mit der Softwareentwicklung drängt sich auf. Nach der Veröffentlichung großer Programmupdates melden Nutzer oft Fehler, *bugs*, die die Programmierer jedoch absichtlich als *features* eingebaut haben. Bei der EU scheint dies genau umgekehrt zu funktionieren. Sie reagiert auf die Gewaltakte an den Grenzen ihrer Mitgliedsstaaten, als seien dies *bugs*, während sie durch die Unterstützung von Grenzbefestigungen, die Aufrüstung von Frontex und fehlende Sanktionen bei Menschenrechtsverstößen verdeutlicht, dass es sich um *features* handelt. So kann sich die Öffentlichkeit aussuchen, als was sie die EU verstehen will – als Garant von Menschenrechten oder als Bollwerk gegen irreguläre Migration.

Der Entlastungsversuch, Grenzgewalt als eine Summe zu überprüfender Einzelfälle darzustellen, macht das Problem darum eigentlich nur noch größer. Denn wenn Grenzgewalt aus unerwünschten und lediglich schwer zu ahndenden Rechtsbrüchen bestünde, blieben sie fehlerhafte Äußerungen eines eigentlich rechtskonformen Systems. Die EU müsste dann nur Wege finden, wie sie sicherstellt, dass die beschuldigten Nationalstaaten oder Agenturen sich an Recht und Gesetz halten. Da dies nicht geschieht, erscheint die Grenzgewalt als ein Effekt von Zielvorgaben. Dies macht sie zum Systembestandteil. Damit werfen die geschilderten Formen der Gewalt, die Pushbacks oder die Verweigerung, Asylbegehren zu registrieren, nicht nur rechtliche Fragen auf. Vielmehr stellt sich wegen der fehlenden Mechanismen zur Unterbindung von Menschenrechtsverstößen die politische Frage nach der Verträglichkeit des europäischen Grenzregimes mit den proklamierten europäischen Werten und dem Versprechen Europas.

Festung Europa – ein Gespenst, das nicht verschwinden will

Wenn Abschottung und Gewalt gegen Migranten keine Fehler im System des europäischen Grenzschutzes sind, sondern zu seinen konstitutiven Merkmalen gehören, stellt sich die Frage nach der Sprache, die wir zur Beschreibung der Lage wählen sollten. Unter Kritikern ist insbesondere die Metapher der »Festung Europa« beliebt. Die Metapher von der Festung hat allerdings im Laufe der jüngeren Geschichte eine ganze Reihe sehr unterschiedlicher Bedeutungen angenommen. Noch während und vor allem nach dem Zweiten Weltkrieg wurde sie zunächst kritisch gegen jede Art des Protektionismus und der Schließung von Märkten verwendet. So kritisierte der renommierte Wirtschaftswissenschaftler Wilhelm Röpke, einer der geistigen Väter der sozialen Marktwirtschaft, die »Festung der amerikanischen Schutzzollpolitik« während des New Deal sowie später alle Ansätze einer protektionistischen Abschottung des entstehenden europäischen Binnenmarkts.[65] Kein Land, so sein neoliberales Credo, solle sich »hinter Zollmauern« vor der Dynamik des Weltmarkts schützen dürfen.[66] Diese Rhetorik begründete er ausdrücklich mit dem Hinweis auf Henri Bergsons Begriff der »offenen Gesellschaft«.[67]

Andererseits gehörte Röpke zu jenen militanten Atlantikern, die in der Frühphase der europäischen Einigung nicht nur Europa, sondern den gesamten Westen zu einer Art Festung gegen den Ostblock sowie gegen die selbstbewusster werdende dekolonisierte Welt ausbauen wollten. Das Ziel einer »europäischen Union« müsse darin bestehen, in der höheren Einheit einer wehrhaften »Atlantischen Union« aufzugehen.[68] Innerhalb Westeuropas und der westlichen Welt richtete sich Röpkes Kritik gegen die »wirtschaftliche Überbetonung der Staatsgrenzen«, die er im »Interesse des Friedens« durch größere Marktfreiheiten überwinden wollte. Mit diesem Frieden war jedoch allein der europäische Frieden innerhalb des Westens gemeint. In seinen Überlegungen zum »internationalen Wanderungsproblem« machte Röpke hingegen deutlich, dass robuste Staatsgrenzen zur »Beschränkung der internationalen Menschenbewegung« weiterhin überaus wichtig seien.[69] Kapital- und Güterströme sollten sich frei über Grenzen hinweg bewegen dürfen, Menschen nicht. Der Kommunismus machte dem in die Schweiz emigrierten Wirtschaftsprofessor ebenso viel Angst wie der Aufstieg der nicht-europäischen, nicht-*weißen* Welt.[70]

Vorstellungen, wie sie Röpke formuliert hatte – eine Mischung aus Westintegration, Marktwirtschaft und rassistischer Festungsmentalität –, wurden in der alten Bundesrepublik allmählich zum Gemeingut. Daneben trat ab den siebziger Jahren allerdings eine neue Lesart der Festung. Vertreter eines demokratischen Sozialismus kritisierten etwa ein westliches »Festungssystem«, das seine Infrastrukturen unter Einschränkung der Freiheit ganz auf die Abwehr äußerer Gefahren, wie insbesondere des Kommunismus, ausrichte.[71] Später schlossen Aktivisten und kritische Medien an diese Kritik an, indem sie die Festungsmetapher zur Charakterisierung einer zunehmend aggressiven Abwehrpolitik gegen Migranten nutzten.

Wie viele andere verwendet beispielsweise der Journalist Andreas Zumach das Bild der »Festung Europa« in kritischer Absicht und weist Deutschland eine unrühmliche Pionierrolle zu. Als Geburtsjahr der »Festung Europa« gegen Migranten nennt er das Jahr 1986. Damals ließ die DDR viele Flüchtlinge aus Sri Lanka und Ghana durch das eigene Territorium direkt nach West-Berlin reisen, wo sie umgehend und aussichtsreich Asyl beantragten. Vertreter von CDU/CSU und SPD drängten darauf, die DDR möge »das Loch in der Mauer« endlich stopfen. Später erkannten Beobachter darin ein erstes Zeichen auf dem Weg zur europäischen Flüchtlingsabwehr.[72] Kritisch wird die Festungsmetapher auch von Historikern verwendet, vor allem mit Blick auf die Asylrechtsverschärfung 1993, mit der sich das vereinigte Deutschland den westeuropäischen Standards angepasst habe. Deutschland, ja selbst ein Bundesland wie Nordrhein-Westfalen, sei damit zu »einem Teil der ›Festung Europa‹« geworden.[73] Andere verwenden das Bild, um zu unterstreichen, dass auch diese Festung bezwungen werden kann. So schreibt die Autorin Maxi Obexer in ihrem für den Bachmannpreis nominierten Romanessay *Europas längster Sommer*, mit der Flüchtlingsbewegung und der breiten Aufnahmebereitschaft 2015 sei »die Festung überwunden« worden.[74]

Dem stehen besonders seit der Jahrtausendwende vermehrt Stimmen gegenüber, die den Begriff der »Festung Europa« positiv besetzen. Dazu gehören, wenig überraschend, europäische Rechtspopulisten, Post- und Neofaschisten, aber auch viele andere. Im Herbst 2005, als erstmals ungefähr tausend Migranten die Zäune in Ceuta und Melilla überwanden, klagte der frühere italienische Außenminister und damalige EU-Kommissar Franco Frattini, Europa könne sich nicht mehr wie eine »Festung« verteidigen, denn diese sei bereits gefallen.[75] Auch Journalisten haben gelegentlich die Idee der »Festung Europa« verteidigt. In einem Buch, das vom französischen Präsidenten Emmanuel Macron gelobt wurde, spricht etwa der amerikanisch-französische Journalist Stephen Smith davon, dass gegen die angeblich zu erwartende »gigantische ›Migrationsbewegung‹ zwischen Afrika und Europa« eine »Festung Europa« zu errichten sei.[76] In Deutschland hat der Journalist Dirk Schümer während der Flüchtlingsbewegung 2015 seiner Hoffnung Ausdruck verliehen, Europa möge weiterhin eine Festung bleiben.[77]

So zeigt sich, dass die Festungsmetapher nach wie vor beliebt ist: als polemischer Begriff der Anklage wie auch als idealisierte Zielvorstellung einer geschlossenen Gesellschaft. Die Festungsmetapher scheint bestimmte Aspekte moderner Grenzen grell zu beleuchten: ihre Eigenschaft, eine bestimmte Art von Mobilität, nämlich die »Invasion« unerwünschter Fremder, zu unterbinden, wenn die Wächter der Grenzen es wünschen; die Kanalisierung von legitimer Mobilität durch wenige, scharf bewachte Tore; die Kontrollen und Befragungen, die mit dem Versuch der Überquerung einhergehen; schließlich die rohe Gewalt, die allen droht, die die Überschreitungsregeln der Grenze nicht kennen oder missachten.

Ungeachtet ihrer Popularität ist die Metapher jedoch grob irreführend, besonders aus historischer Sicht. In der Geschichte waren Burgen und moderne Festungen zwar schwer einnehmbare, aber rein punktuelle Wehrbauten mit festen Wällen und einer militärischen und ökonomischen Infrastruktur im Umland. Sie sollten nie Bevölkerungen schützen – ganz im Gegenteil, sie sorgten dafür, dass militärische Konflikte zwischen Herrschaftshäusern in Dörfern und auf Feldern ausgetragen wurden. So standen diese befestigten Orte nicht nur wenigen offen, sie hatten zudem oft den Sinn, sowohl äußere Feinde abzuwehren als auch die umgebende Bevölkerung zu beherrschen, etwa in den Ordensburgen im heutigen Polen oder einigen italienischen Stadtstaaten der Renaissance.[78]

Während solche immens aufwändigen Großbauten Herrschern und Staaten Sicherheit bieten sollten, wurden sie immer wieder von der Zeit überholt. So wie die Feudalherren sich von Burgen Sicherheit versprachen, die Aufstände und die Erfindung der Kanone buchstäblich hinwegfegten, so investierten die europäischen Staaten ab dem 19. Jahrhundert in Festungsstädte, die der moderne motorisierte Krieg ebenso hinfällig machte wie der Blitz- und Luftkrieg die monströsen linearen Grenzbauten der Zwischenkriegszeit. Kaum fertiggestellt, erwiesen sich Festungen oft schnell als hinfällig. Was sich erhöht hatte, war nicht die Sicherheit, sondern der nötige Aufwand für Bau und Unterhalt sowie die Zahl der Opfer.

Erwähnenswert ist zudem, dass »Festung Europa« auch ein nationalsozialistischer Propagandabegriff war. Im Zweiten Weltkrieg wurde aus dem Wort eine wirkmächtige politische Metapher. Stand das Wort »Festung« zuvor für einzelne Bauwerke, wurde es nun zunehmend für ganze Staaten und Reiche genutzt. Wegweisend waren hierfür Grenzbefestigungen im Stil der Maginot-Linie, die mittels zahlreicher Festungsbauten ganze Grenzstreifen sichern sollten. Doch wie tief gestaffelt diese militärischen Grenzbefestigungen auch waren – im modernen Krieg versagten sie allesamt. Anstelle sich an der Maginot-Linie im Elsass aufzureiben, marschierte die Wehrmacht beispielsweise durch Belgien, wonach sie die Festungen leicht von hinten einnahm. Laut jubelte daraufhin der Kriegsjournalist Kurt Frowein darüber, dass die »Festung Frankreich« gefallen sei.[79] Ab 1942 sprach die nationalsozialistische Propaganda dann zunehmend von der »Festung Europa«, die es im »totalen Krieg« zu verteidigen gelte.[80]

Diese Rhetorik spielten die Alliierten zurück. Angesichts des erfolgreichen Luftkriegs verhöhnten sie die Eitelkeit der monströsen nationalsozialistischen Verteidigungsbauten aus

Stahl und Beton entlang der europäischen Küsten und des Westwalls. In der Staatsbibliothek Berlin finden sich zahlreiche deutschsprachige alliierte Propagandaartikel von Aufklebern bis Flugblättern, die den Untergang der »Festung Europa« verkünden. All die Mauern, Gräben und Verhaue böten nur einen Schein von Schutz. So warfen die Sowjets über Deutschland Flugblätter ab mit der Botschaft »Sizilien, das Bollwerk der Festung Europa gefallen«.[81] Auf britischen Klebezetteln, die wohl die Royal Air Force über Deutschland abwarf, stand »Die Führung ist kopflos – die Festung Europa ist dachlos – die U-Bootschützen sind schutzlos«.[82] Diese Botschaften entlarvten die »Festung Europa« als ein Sicherheitsphantasma der Deutschen, das sich angesichts moderner Technik und Kriegsführung als eine Illusion herausstellte.

Aus welcher Seite man es auch betrachtet – die »Festung Europa« rückt immer dann in den Blick, wenn sie zu fallen droht. Interessant für unsere Zwecke ist dabei, dass die Verteidiger der imaginierten Festung nicht nur auf die Feinde draußen vor den Toren starren, sondern immer auch den Blick nach innen richten. Die Nationalsozialisten intensivierten angesichts des alliierten Vormarschs die Vernichtung der Juden auch unter Berufung des Kampfs gegen die inneren Feinde der »Festung Europa«.[83]

Eine Fantasie, die Realitäten schafft

Die Festungsmetapher deutet also ganz vieles an, taugt aber weder inhaltlich noch historisch als Sinnbild für die Außengrenzen Europas – und zwar ungeachtet dessen, ob der Begriff die europäische Politik kritisieren oder rechtfertigen soll. Das Bild von der »Festung Europa« führt dazu, die Effektivität der modernen Grenzregimes zu überschätzen. Oder umgekehrt: den Erfindungsreichtum und die Autonomie von Personen zu unterschätzen, die diese Grenzen überwinden wollen. Die Metapher verkennt zudem, dass die modernen Grenzen einschließlich der Außengrenzen der EU immer zugleich offen und geschlossen sind; dass auch rassistisch stigmatisierte Personen immer wieder passieren dürfen, wenn sie zum Beispiel als billige Arbeitskräfte gebraucht werden. Schließlich suggeriert die Festungsmetapher die Existenz eines befriedeten Innenraums innerhalb der Festung, der von einer chaotischen Außenwelt abgeschirmt wird. Tatsächlich sind jedoch die Regeln der Durchlässigkeit der Grenzen – wer zu welchem Zweck für wie lange hereingelassen werden soll – sowohl innerhalb wie außerhalb der Grenzen heftig umstritten.[84]

Und doch hat das Bild der »Festung Europa« einen heuristischen Effekt. Europa ist weder eine Burg noch eine Festung, wohl aber eine Union von Staaten, in der das »Festungsdenken« mächtig ist.[85] Die Festungsmetapher beschreibt keine Realität, aber doch eine kollektive Fantasie, die Realitäten schafft. Bei dieser Fantasie dreht sich alles darum, physische und mentale Dämme zu bauen, um die imaginierten Fluten zu stoppen, die von außen und aus dem Untergrund den nationalen Staat zu ertränken drohen. In Europa gibt es sogar eine Rhetorik, die für die »Festung Europa« plädiert, um migrationswillige Menschen vor den Folgen ihres Aufbruchs nach Europa zu schützen. Um Migranten vor den »immensen Verstößen gegen ihre Menschenrechte zu bewahren«, so brachte die AfD-Fraktion diese perfide Logik in einem Entschließungsantrag im Deutschen Bundestag auf den Punkt, müsse man die relevanten Migrationsrouten nach

Europa »wirkungsvoll schließen« und alle Betroffenen »ausnahmslos abschieben«.[86] Flüchtlinge werden dieser Logik zufolge am besten dadurch geschützt, dass man sie an der Flucht hindert.

In Wirklichkeit existiert jedoch die »Festung Europa« nicht an den Grenzen und auch nicht in den Regeln, die die Überschreitung dieser Grenzen regulieren. Sie ist ein Schlagwort, das entweder so vage oder so leicht zu widerlegen ist, dass es über die schrille Vokabel hinaus kaum Kritik an den realen Effekten des europäischen Grenzausbaus erlaubt. Vielmehr gewinnt sie durch ihre stete Aufrufung ein Eigenleben. So kann die kritische Gleichsetzung der EU mit einer Festung gerade den gegenteiligen Effekt haben, dass das ungenaue Sprachbild unabsichtlich zur Normalisierung eben jener Wagenburgmentalität beiträgt, die es anklagen will.

In der autoritären Fantasie der Gegenwart ist die undurchlässige Festung, ganz ähnlich wie schon vor hundert Jahren, das Pendant zu dem »Panzer«, den sich Klaus Theweleit zufolge der moderne (*weiße*) Mann zulegen musste, um die Welt zu beherrschen.[87] Gräben, Dämme, Mauern: Von Thomas Morus bis heute lebt die Obsession fort, eine wohlgeordnete, harmonische Gesellschaft durch weitgehende Abschottung von der Außenwelt zu erreichen. Was aber folgt daraus, nicht nur für die, die draußen bleiben sollen, sondern auch für das Innenleben der abgeschotteten Gesellschaften?

3
Die Grenze greift nach innen aus
Gesellschaftliche Konsequenzen der Abschottung

Viele Staatsgrenzen übertragen spezifische Regulierungsziele in eine massive materielle Realität befestigter und weiträumig vernetzter Infrastrukturen. Diese dienen einem einzigen Zweck: der Abwehr und Festsetzung bestimmter Gruppen. Die Infrastrukturen rings um die Grenze haben allerdings den Nachteil, dass sie auf die Menschen, die ausgeschlossen werden sollen, keine normativ bindende Wirkung ausüben. Welche guten Gründe sollten potenzielle Migranten haben, die Überschreitungsregeln der Grenzen von Staaten zu respektieren, die oft eine Mitverantwortung für die Not haben, die sie zur Migration zwingt? Warum sollten sie ihre eigene Illegalisierung an den Grenzen akzeptieren, wenn sie das Menschenrecht auf ein Leben ohne Not und Verfolgung nur hinter diesen Grenzen erlangen können? Die »irreguläre« Migration, die westlichen Regierungen so viel Kopfzerbrechen bereitet, zeigt vor allem eines: Die bleierne Faktizität der Grenzen ist normativ kraftlos.[1]

Was bleibt, ist schiere Macht. Gegenüber unerwünschten Migranten verzichten Staaten auf den Versuch, ihr eigenes Verhalten zu rechtfertigen. Im Verhältnis zu den eigenen Bürgern (aber auch den als erwünscht geltenden Migranten) können sie sich das nicht leisten. Mauern werden im Namen der Gesellschaft errichtet. An ihnen manifestiert sich Herrschaft über Menschen, die in ihrer Art und Form von der Gesellschaft akzeptiert werden muss. Von der Gesellschaft heißt:

von denen, die die Gewalt ausüben, um Grenzen zu schützen, sowie von denen, in deren Namen sie ausgeübt wird, also Staaten, Institutionen und Bevölkerungen hinter den Mauern. Sie müssen sich damit abfinden oder es sogar begrüßen, dass an den materiellen Grenzbefestigungen die sonst oft abstrakte juristische oder administrative Staatsgewalt vor allem präventiv – und nicht in erster Linie reaktiv wie bei der normalen Polizei – zu physischer Gewalt wird.

Die gesellschaftliche Akzeptanz von Gewalt gegen Zivilisten in Friedenszeiten ist nicht selbstverständlich, sondern muss aktiv hergestellt werden. Idealerweise geschieht dies durch öffentliche Rechtfertigung im Licht allgemein geteilter Rechtsnormen. Gewalt gilt dann als legitim, wenn sie dem Schutz solcher Normen und der Gefahrenabwehr dient und außerdem verhältnismäßig ist. So ist es jedenfalls in der Demokratie. In einem faschistischen Staat wären die Dinge anders. In diesem limitierte kein Verhältnismäßigkeitsgrundsatz die Gewalt, vielmehr drohte jedem Unheil, der sich nicht erfolgreich als Teil der »Volksgemeinschaft« darstellen konnte.[2] Organisierte Gewalt zum Zweck der Aneignung fremden Eigentums oder der körperlichen Beherrschung (»raptive« Gewalt nach Reemtsma) sowie die um ihrer selbst willen ausgeübte zügellose Gewalt gegen Schwächere (»autotelische« Gewalt) wurden im Faschismus entweder durch vollständige Kontrolle der Medien vertuscht oder aber glorifiziert.[3]

Tendenzen zur Beschönigung und Ausuferung von Gewalt sind selbstverständlich auch in liberalen Demokratien mehr oder weniger stark vorhanden (dazu mehr weiter unten in diesem Kapitel). In Demokratien ist es vorgesehen, dass Kontrollinstanzen wie eine unabhängige Justiz, die Medien, NGOs und eine kritische, informierte Öffentlichkeit solche Tendenzen bändigen. Diese Institutionen und Instanzen sind aber weder ewig noch unveränderlich. Sie kontrollieren jene Tendenzen nicht nur, sondern sind ihnen auch ausgesetzt und verändern sich mit ihnen.

Wir müssen diese Tendenzen bei der Betrachtung von Grenzen mitdenken. Deswegen geht es uns in diesem Buch nicht nur um die Kritik oder die Rechtfertigung der Grenzgewalt. Vielmehr legen wir dar, dass der Versuch, die bestehenden Grenzregimes und ihre Gewalt zu legitimieren, die offene Gesellschaft verändert und gefährdet. Die Binnenorganisation der demokratischen Gesellschaft bleibt nicht unberührt von der Art und Weise, wie sich diese Gesellschaft nach außen abgrenzt. Vielmehr wirkt die Grenze in vielfältiger Weise in die Gesellschaft hinein und verändert das Land, das diese Grenze baut, braucht und akzeptiert. Einmal etabliert, greift die Grenze nach innen aus.[4]

Dies ist eigentlich keine Neuigkeit, sondern in gewisser Weise der Kern der europäischen Einigung. Die Beseitigung von Zollschranken und Handelshindernissen war von Beginn an darauf ausgelegt, ein offenes gesamteuropäisches Gemeinwesen zu ermöglichen. Auch als die europäischen Staaten den Schengen-Raum errichteten, war es das explizite Ziel, durch diese Änderung der Grenzpolitik die Formung einer europäischen Gesellschaft zu befördern. Bundespräsident Roman Herzog sprach 1999 ausdrücklich von einer »europäischen Zivilgesellschaft«, die er entstehen sah, da Europa die anachronistischen Fesseln nationalstaatlicher Grenzen abschüttle.[5]

Die Kehrseite ist die Veränderung von Staat und Gesellschaft, die sich in der Folge der Befestigung der Außengrenzen eingestellt hat. Dies ist ein schleichender Prozess, der eine Richtung hat. Um diese Richtung zu bestimmen, wählen wir den Begriff der Korruption oder Korrumpierung, wie er in der Frühen Neuzeit etwa von Niccolò Machiavelli verstanden wurde. Geschlossene Grenzen korrumpieren die Demokratie, indem sie die Abkehr der Regierungspraxis von den konstitutiven Prinzipien der Republik sowie die Erosion der zivilen Alltagsmoral begünstigen.

Grenzen sind nicht von vornherein geschlossen oder offen, und ihr wechselnder Grad an Durchlässigkeit für Güter und Personen ist immer begründungsbedürftig. Ein Staat, der keine guten Gründe angeben kann, bestimmte Migranten abzuwehren, und auch nicht vor Gewalt zurückschreckt, muss andere Wege finden, die Gesellschaft und ihre Mentalität so zu schulen, dass sie die Gewalt akzeptiert. Politik und Recht müssen dann dafür sorgen, dass der Grenzschutz nicht nur gut finanziert und ausgestattet ist, sondern, dass er seine Aktionsmacht gegen migrationswillige Personen auch ohne Angst vor Strafverfolgung einsetzen kann. Dabei muss nicht nur die Anwendung, sondern auch das Maß von Gewalt akzeptiert (oder eben vertuscht) werden.

Zugleich bemüht sich die Politik, beispielsweise die Solidarität mit Migranten zu diskreditieren oder sogar unter Strafe zu stellen. Das Beispiel der Seenotrettung im Mittelmeer ist nur eines von vielen. Einflussreiche Medien formen nicht nur das Denken, sondern auch die Affekte des Publikums. Sie können zu Solidarität ermuntern, Angst schüren oder Gleichgültigkeit gegenüber dem Leid anderer kultivieren. Wenn Regierungsvertreter wie insbesondere nach 2015 Angst oder Gleichgültigkeit pflegen, wird Rassismus zu einer inoffiziellen Regierungstechnik.

Versuche, die Gesellschaft als ganze für die Unterstützung des Grenzregimes zu gewinnen, stoßen ihrerseits allerdings immer wieder an Grenzen. Einheimische Bevölkerungen reagieren nicht einheitlich auf Zuwanderung. Während einige

Ängste vor Zuwanderung äußern und teilweise auch Hass offen ausleben, begrüßen andere Teile der Gesellschaft Migration und den damit verbundenen gesellschaftlichen Wandel. Unter den Befürwortern von Migration befinden sich auch viele Skeptiker, die Einwanderung nicht direkt begrüßen, aber aus wirtschaftlichen Gründen für notwendig halten. Die Abwehr von Migration durch militarisierte Grenzregimes und restriktive Einwanderungsregeln kann sich selbst untergraben, wenn eine große Zahl Einheimischer das Gefühl bekommt, selbst in ihrer Freiheit eingeschränkt zu werden. Und nicht zuletzt erschwert die jahrzehntelange Selbstbeschwörung Europas als humanitäres Projekt und als »Kontinent ohne Grenzen« die neuere Hinwendung zu Abschottung und Grenzgewalt.[6] Angesichts dieser Bandbreite ist das Netzwerk von Akteuren aus Grenzschutz, Medien, Politik und Recht und Bevölkerungsgruppen in dauernder Bewegung. Die gesellschaftlichen Konsequenzen der Abschottung durch gewaltsame Grenzregimes, die wir im Folgenden schlaglichtartig beleuchten, stellen bisher nur Tendenzen dar, die wiederum Gegentendenzen hervorrufen. Der Ausgang dieses Wechselspiels ist offen – jedenfalls solange sich die offene Gesellschaft nicht auch nach innen verschließt.

Sichtbar wird dieses Wechselspiel anhand von fünf zentralen Feldern, an denen wir im Folgenden verdeutlichen, wie die militarisierten Außengrenzen ins Innere der Gesellschaft ausgreifen: die kollektiven Affekte der Angst und der Hoffnung in Bezug auf offene und geschlossene Grenzen; die Macht des Grenzschutzes und anderer Sicherheitsorgane; die Prinzipien des Rechtsstaats einschließlich der Überwachung ihrer Einhaltung; und die Freiheiten europäischer Bürger im Umgang mit nicht-europäischen Bürgern. Schließlich beunruhigt uns die Wucherung eines Syndroms, das wir in Anlehnung an ein literarisches Vorbild den »Faschismus des Herzens« nennen.

3.1 Formung von Bedrohungsgefühlen

Staatsgrenzen und ihre Befestigungen, so hören wir, schützen uns – je geschlossener, desto besser. Sie sollen denen, die drinnen sind, hinter den Mauern, die Angst nehmen vor äußeren Bedrohungen. Zugleich sollen sie den anderen, die draußen sind und vielleicht mit dem Gedanken spielen, einzuwandern, Angst machen. Für Menschen in grenznahen Regionen, die im Schatten von Mauern leben, hat diese Logik freilich noch nie funktioniert. In Anlehnung an eine Studie zu West-Berlin hat die amerikanische Journalistin Jessica Wapner am Beispiel von Grenzbefestigungen vor allem in den USA und Israel ausdrücklich festgestellt, dass belastende psychische Zustände »auf *beiden* Seiten« der Grenze verbreitet sind.[7] Die Einheimischen, um deren Schutz es doch gehen soll, werden keineswegs verschont von der Unmenschlichkeit bestimmter Grenzregimes. Bedrohungsgefühle wachsen manchmal nicht trotz, sondern wegen der Befestigung der Grenzen und werden in der Folge von Politikern und rechten Aktivisten zur Normalisierung rassistischer Denkmuster eingesetzt.

Noch interessanter sind für uns allerdings Regierungstechniken, die gezielt die Herstellung und Formung von Ängsten anstreben. So lassen westliche Regierungen und internationale Organisationen Filme produzieren, um migrationsbereiten Menschen in Kamerun und anderswo zu suggerieren, dass sie im Westen schlecht behandelt und im Elend enden würden, falls sie nicht bereits unterwegs zu Tode kommen.[8]

Drastischer wurde der Warschauer Sejm-Abgeordnete Paweł Lisiecki von der regierenden PiS-Partei, als er das Foto eines im Stacheldraht verfangenen, hilflos über Kopf von der Mauer an der polnisch-belarussischen Grenze hängenden Migranten postete. Dieses Bild, so sein Kommentar, solle man im ganzen Nahen Osten verteilen, damit jeder wisse, wie die »Lukaschenko-Touren« ausgingen.[9]

Ein gezieltes Wahrnehmungsmanagement wird aber nicht nur für potenzielle Migranten draußen, sondern auch für die heimische Bevölkerung betrieben. Eine Fülle von Beispielen liefern hier besonders die Medien in den USA. Die rassistische Verschwörungstheorie eines durch Grenzöffnungen geplanten großen Bevölkerungsaustauschs wird inzwischen von zahlreichen Politikern offen in Anzeigen und Werbespots propagiert. Insbesondere in den Bundesstaaten Texas und Arizona ist von einem absichtlichen »Import« nicht-*weißer* Massen die Rede sowie von einer orchestrierten »Invasion«.

Ungarn hat dies derweil zur Staatsideologie erhoben. Die Regierungspartei von Viktor Orbán inszeniert sich in zugleich antiamerikanischer und antisemitischer Art als letzte Front gegen die angeblich Ungarn und Europa zersetzenden Aktivitäten der migrationsfreundlichen Politik von George Soros und seiner Stiftungen. Mark Brnovich hat als Generalstaatsanwalt von Arizona seine Rechtsauffassung kundgetan, dass angesichts der Lage an der Grenze auch das Kriegsrecht ausgerufen und die Nationalgarde eingesetzt werden dürften, während die polnische Regierung den Militäreinsatz gegen Migranten im Widerspruch zu jenen Verfassungspassagen legalisierte, die aufgrund der historischen Erfahrung von Diktatur und Kriegsrecht eingeführt wurden. Andere wie der republikanische Kongressabgeordnete Michael McCaul ziehen Parallelen zwischen der irregulären Migration und der Invasion der Ukraine durch Russland, während Fox News die Migrationsbewegung an der Südgrenze der USA kurzerhand mit dem japanischen Überfall auf Pearl Harbor vergleicht. Kein Vergleich ist zu schrill, keine Analogie zu abwegig, um im Kampf für den Mauerbau und die Erhaltung der *weißen* Mehrheitsherrschaft aufgerufen zu werden.[10]

So werden auf beiden Seiten der befestigten Grenzen kollektive Affekte geformt. Die Migranten sollen Angst haben vor der Migration, die Einheimischen sollen sich fürchten vor den Migranten. Die wenigen Beispiele zeigen bereits, dass die Angst vor denen draußen, die angeblich hineindrängen ins Land, nicht angeboren ist, auch wenn nationalistische Politiker den Widerwillen gegen Einwanderer seit je immer wieder als ein »natürliches Gefühl« bezeichnet haben.[11] In Wirklichkeit handelt es sich bei dieser Angst um eine kulturelle Tatsache, die hergestellt werden muss, bevor sie politisch instrumentalisiert werden kann. Ängste müssen ebenso wie Hoffnungen erzeugt, genährt und verwaltet werden. Heinrich Popitz spricht von der »Formbarkeit der Befindlichkeit des Bedrohtseins«.[12] Die befestigten Grenzen der Gegenwart greifen schon dadurch nach innen aus, dass sie ohne die Formung der kollektiven Ängste und Hoffnungen der zu schützenden Bevölkerung keinen Bestand hätten. Gewiss: Die Aufrüstung der europäischen Grenzen ist abhängig vom Finanzhaushalt der jeweils zuständigen Staaten und der EU und dem entsprechenden politischen Willen. Aber sie ist auch abhängig davon, dass sich im subjektiven Fundament der Gesellschaft, wie Popitz schreibt, »ein ›Haushalt‹ von Befürchtungen und Hoffnungen« stabilisieren lässt, »in dem wir uns einrichten«.[13]

Einige mögen tatsächlich glauben und empfinden, dass

die Grenzen eine Art Außenhaut des Staatskörpers sind, von dem sie einen Teil bilden. Andere glauben, dass die Grenzen den Sozialstaat, die eigene Identität, deutsche Arbeitsplätze, das »Abendland«, die innere Sicherheit oder »unsere Frauen« vor »Fremden« schützen.[14] Wie immer sie im Einzelnen beschaffen sein mag: Es ist diese kulturell geformte affektive Grundausstattung der Gesellschaftsmitglieder, die eine zentrale Verlängerung jedes wehrhaften Grenzregimes nach innen bildet.

Dass die Befindlichkeit des Bedrohtseins in der Gesellschaft dauernd geformt und umgeformt wird, heißt selbstverständlich nicht, dass Bedrohungen nicht zugleich außerordentlich real sein können. Die Verteidigung vieler territorialer Grenzen hat bis heute oft eine reale Basis in Konflikten entweder um den Verlauf von Staatsgrenzen oder um den Status von Grenzen als Staatsgrenzen, zum Beispiel angesichts territorialer Eroberungskriege oder militanter sezessionistischer Bewegungen. Häufig ist es aber auch so, dass das Gefühl, bedroht zu werden, die Feindschaft mitproduziert, gegen die es sich richtet. Wer in Deutschland im 19. Jahrhundert glaubte, Frankreich sei eine existenzielle Bedrohung des eigenen Landes, entwickelte schnell eine tiefsitzende Feindschaft, die in der Fantasie deutscher Autoren sogar zu einer nie erlöschenden »Erzfeindschaft« gesteigert wurde.

Seit der Etablierung der modernen Nationalstaaten kommt der Grenze als imaginierter Trennlinie zwischen »Gut« und »Böse« eine zentrale Rolle zu. Schon die Stigmatisierung benachbarter oder entfernter Nationalstaaten als »Feinde« oder gar »Erzfeinde« des eigenen Landes erforderte große Anstrengungen. Noch viel schwieriger ist es, unbewaffnete Zivilpersonen als eine existenzielle Bedrohung zu dämonisieren, vor der alle Angst haben sollen. Aber genau diese Anstrengung muss unternommen werden, um die wachsenden Ressourcen zu mobilisieren, die das System des europäischen Grenzschutzes verschlingt. Diese Anstrengung kann sich nicht auf empirische Daten stützen. Die gelegentliche Ankunft großer Zahlen Asylsuchender oder einzelne Übergriffe zum Beispiel von Flüchtlingen auf Einheimische genügen nicht, um eine ganze Gesellschaft zur Wehrhaftigkeit gegen die Migration aus bestimmten Himmelsrichtungen anzustacheln. Vielmehr müssen Fantasien wachgerufen werden, für die solche Vorkommnisse bloße Anzeichen sind für das, was bald drohen könnte – Anzeichen für einen ungeahnten Ansturm unerwünschter Migranten, der um jeden Preis aufgehalten werden muss. Debatten über die Notwendigkeit des Grenzschutzes tendieren dazu, auf juristische oder empirische Gegenargumente mit apokalyptischen Szenarien zu antworten.

Die Angstfantasien der Überwältigung der westlichen Gesellschaften durch unkontrollierbare Migrationsströme aus dem Globalen Süden oder gar eines großen Bevölkerungsaustauschs werden durch fiktionale wie durch verschwörungstheoretische Texte geformt, die keineswegs nur in den Milieus der radikalen Rechten zirkulieren, sondern längst in die weitere bürgerliche Öffentlichkeit eingedrungen sind – man denke an Jean Raspails ursprünglich 1973 erschienene Dystopie *Das Heerlager der Heiligen* oder Renaud Camus' 2011 publizierten Band *Le Grand Remplacement*. Es gibt Unterschiede zwischen der offen rechtsradikalen Rede von der »Umvolkung« oder der Invasion von »Barbaren«,[15] die Europa überrennen wie angeblich einst die Goten das Römische Reich, und den Aussagen konservativer Politiker. Oft aber liegt der Unterschied allein in der Wortwahl, nicht in den Strukturen des Denkens, etwa wenn August Wöginger von der Österreichischen Volkspartei meint, die »Links-Parteien wollen mittels Masseneinbürgerungen die politischen Mehrheitsverhältnisse im Land ändern«.[16]

So werden reale Vorkommnisse wie zum Beispiel Übergriffe durch tatsächliche oder angebliche Migranten zu apokalyptischen Szenarien verdichtet. Es bildet sich ein Bodensatz an gefühlten Wahrheiten oder »affektiven Tatsachen«, die ein Eigenleben annehmen und immer wieder auch von politischen Parteien und bestimmten Massenmedien aufgerufen werden.[17] Ob diese affektiven Tatsachen in der Bevölkerung tatsächlich das Bild der Gesellschaft formen, in der die Mehrheit der Bevölkerung zu leben glaubt, steht auf einem anderen Blatt.

Sobald die Befindlichkeit, durch Migration bedroht zu werden, in die psychische Innenausstattung vordringt, lässt sich das Leid derer, die entlang der Migrationsrouten umkommen, leichter verdrängen oder verarbeiten. Eine solche Verarbeitung zu ermöglichen gehört ebenfalls zu den Aufgaben der Formung von Befindlichkeiten in der einheimischen Bevölkerung. Die gewaltsame Abwehr von Migration kann nur dann auf Dauer gestellt werden, wenn das menschliche Leid, das durch die Grenzen verursacht wird, sich irgendwie massenwirksam rechtfertigen lässt. In der Religionsphilosophie wird gefragt, wie Gott es zulassen kann, dass unschuldige Menschen leiden, obwohl er doch gut ist und die Macht hätte, das Leid zu verhindern. Philosophen nennen dies das Problem der Theodizee. Aber es gibt auch eine soziale Theodizee, die danach fragt, warum Gesellschaften, die ihrem Selbstbild nach human und demokratisch sind, sinnloses Leid zulassen, obwohl sie über die Macht verfügen, solches Leid zu verhindern oder erheblich zu reduzieren.

Je nachdem, wie es um den Haushalt von Ängsten und

Hoffnungen bestellt ist, in dem sich westliche Gesellschaften eingerichtet haben, werden unterschiedliche Antworten auf diese Frage gegeben. Diese Antworten lassen sich grob in drei Kategorien von Rechtfertigungsdiskursen einteilen.

> (1) Irreguläre Migranten sind gar nicht unschuldig. Sie gefährden unsere Gesellschaft und ihre Werte. Deswegen müssen wir uns verteidigen. Das Leid, dass dadurch produziert wird, ist notwendig. Das Problem ist die Unfähigkeit der westlichen Politik, »harte Entscheidungen« zu treffen, sowie die Unfähigkeit einer »weich« gewordenen Bevölkerung, Bilder vom Leid anderer zu ertragen.[18] Die fantasielose, endlos wiederholte Metaphorik der mangelnden »Härte« wird dabei oft von einer kaum versteckten Angst vor dem Verlust der eigenen Männlichkeit bzw. der Furcht vor einer angeblichen Feminisierung der Gesellschaft getrieben.
> (2) Irreguläre Migranten sind unschuldige Opfer von kriminellen Schleppern. Sie werden sogar mit »Sklaven« verglichen, die befreit werden müssen.[19] Der Grenzschutz dient somit letztlich auch dem Schutz schlecht informierter und verführter Personen, die nicht wissen, worauf sie sich einlassen, wenn sie den Entschluss fassen, zu migrieren.
> (3) Irreguläre Migranten sind nicht anders als wir. Sie wollen nur ein besseres Leben und suchen es verständlicherweise im Westen. Aber leider gibt es bei uns begrenzte Kapazitäten, eine gefährliche Rechte und eine teils migrationsfeindliche Bevölkerung, die immer stärker wird, je mehr Migranten kommen. Um deren Aufstieg zu verhindern, müssen wir Mauern bauen.[20]

Alle drei Varianten verdeutlichen, wie der Fetisch der Staatsgrenze und die ihm zugeschriebene wundersame Kraft zur

Abwehr alles Fremden ins Innere der Gesellschaft ausgreifen und den öffentlichen Diskurs umformen. Alle drei festigen den Glauben daran, dass es sich hinter Mauern – und eigentlich *nur* hinter Mauern – gut leben lässt. Stilbildend für die erste Kategorie ist der internationale Trumpismus. Die Antwort auf die Frage nach der Vereinbarkeit der Gewalt an den Grenzen mit dem idealistischen Selbstbild liberaler Demokratien lautet nach Trump, neben den Migranten auch gleich die Demokratie ins Visier zu nehmen.

Der zweite Diskurs, der Humanitarismus und Gewalt verbindet, ist typisch für zahlreiche Verlautbarungen der Europäischen Union sowie für viele liberale westeuropäische Regierungen. Oft verbindet sich dieser Diskurs mit der eigentümlichen »liberalen« Rhetorik des dritten Diskurses, der seinen Anhängern das Kunststück erlaubt, gegen die migrationsfeindliche Rechte zu sein und zugleich für immer höhere Mauern gegen Migranten. In den letzten Jahren haben wir gesehen, wie der zweite und dritte Diskurs zentrale Schlagwörter und Denkmuster im Kampf gegen die offene Gesellschaft bereitstellen, was vor allem Vertreter des ersten Diskurses unterstützt, die in vielen Ländern an die Regierung drängen.

3.2 Ausweitung der Macht des Grenzschutzes

Walter Benjamin verdanken wir die Einsicht, dass die Polizei nicht einfach das Recht schützt und vollstreckt, sondern darüber hinaus auch Recht setzt und definiert. In »zahllosen Fällen«, wo die Rechtslage unklar ist, so Benjamin, greift die Polizei ein und schafft vollendete Tatsachen. Da unklare Rechtslagen überall auftreten können, ist auch die Polizei potenziell überall. Benjamin spricht von der »gespenstischen«

Qualität des Polizeiapparats und seiner Macht: »Seine Gewalt ist gestaltlos wie seine nirgends faßbare, allverbreitete gespenstische Erscheinung im Leben der zivilisierten Staaten.«[21] Im Feld des Grenzschutzes und der Migrationskontrolle ist dies besonders offensichtlich. So sind mit der Auslagerung der Grenzkontrollen fernab der offiziellen europäischen Außengrenzen ausgedehnte Zonen der intransparenten Zusammenarbeit der EU mit autoritären Staaten, Sicherheitsdiensten und Milizen entstanden, zum Beispiel in Ländern wie Sudan, Libyen oder Niger. Diese Schattenwelt heimlicher Kooperation wird von europäischen Steuerzahlern finanziert, aber von niemandem wirklich kontrolliert.

Aber auch das Ausgreifen der Grenzen nach innen führt zu einer Ausweitung der Macht der Grenzpolizei. Anders als die »normale« Landespolizei erhielt der Bundesgrenzschutz und später die ihm nachfolgende Bundespolizei als Grenzschutz mit der Umsetzung der Schengen-Regeln das Recht auf »verdachtsunabhängige Personenkontrollen« in Zügen oder Bahnhöfen auch fernab der Grenze. Da Passkontrollen an Grenzübergängen untersagt und sie im Hinterland großflächig ebenso verboten wie unmöglich sind, mündet dies immer wieder in der rechtswidrigen Praxis des Racial Profiling. Diese Praxis filtert gezielt nicht-*weiße* Menschen aus der Menge heraus und nötigt sie nachzuweisen, dass sie legal im Lande sind. Während der Schaffner im Zug alle Fahrgäste gleichermaßen nach dem Ticket fragt, rauscht die Bundespolizei an den meisten Fahrgästen vorbei. Anderen gegenüber demonstriert sie hingegen die Macht, die Rechtmäßigkeit ihrer bloßen Anwesenheit in Zweifel zu ziehen. Auffällig wird diese Praxis immer wieder dann, wenn die öffentliche Aufmerksamkeit auf Migrationsbewegungen an den europäischen Außengrenzen gerichtet ist.[22]

Benjamins Satz von der »allverbreiteten gespenstischen Erscheinung« der Polizei wird auch dann besser verständlich, wenn man an eine ältere Kampagne des britischen Innenministeriums denkt. Im Jahr 2013 tauchten in verschiedenen Londoner Stadtteilen Lieferwagen auf, die mit Postern beklebt waren, auf denen stand: »Sind Sie illegal im Land? Dann gehen Sie nach Hause oder rechnen Sie mit Ihrer Festnahme.« Daneben stand eine Telefonnummer, unter der man anrufen konnte, um sich selbst oder andere zu melden. Gespenstisch war an diesen »Go Home«-Lieferwagen, wie sie bald genannt wurden, dass sich viele Angehörige ethnischer Minderheiten gar nicht sicher waren, ob wirklich Polizisten in den Lieferwagen oder am anderen Ende der angegebenen Telefonleitung saßen. Viele glaubten an eine Aktion der rechtsextremen Partei National Front oder anderer rassistischer Organisationen. Nach einem Sturm der Entrüstung brach das Innenministerium die Kampagne ab, unter anderem weil zwei Drittel der eingegangenen Anrufe Scherzmeldungen waren.[23] Dennoch sollte man die soziale Wirkung der Kampagne nicht unterschätzen. Sie lud ein, das Gesetz per Denunziation selbst in die Hand zu nehmen, was immerhin mehrere hundert Bürger taten, deren Anrufe zur Ausreise von etwa sechzig Familien aus dem Vereinigten Königreich führten.

Solche Beispiele zeigen, wie das Grenzkontrollregime polizeilich, medial und diskursiv immer weiter in die Gesellschaft ausgreift. Dies gilt auch räumlich. In wenigen Jahrzehnten wuchs die Aufgabe von Grenzkontrollen an Wegpunkten zur Raumkontrolle entlang einer gedachten Linie und dann in das Hinterland der Grenzen. Dieses umfasst in den USA mittlerweile den Bereich bis hundert Meilen hinter die Landesgrenzen und Großstädte wie Chicago und New York.

Zwei Drittel aller Einwohner des Landes leben in dieser großzügig definierten Grenzzone, in der die Zoll- und Grenzschutzbehörde (Customs and Border Protection, CBP) Personen auch ohne konkreten Verdacht festhalten und kontrollieren kann. In Europa fielen mit dem Schengen-Abkommen zwar die Grenzkontrollen weg, aber die Grenzpolizeien erhielten weitgehende Kontrollrechte im Grenzhinterland. Dieses reicht in Frankreich zwanzig Kilometer tief. In Deutschland sind es derzeit dreißig Kilometer (bzw. fünfzig Kilometer an den Seegrenzen) und umfasst Großstädte wie Bremen oder Karlsruhe, erweitert durch Flughäfen, Bahnhöfe, Züge usw. Konservativ berechnet sind ungefähr dreißig Prozent des Bundesgebiets Grenzhinterland.[24]

Auf Basis dieser Mittel und Mandate erhalten Grenzschutzeinheiten zunehmend Befugnisse für die Migrationsregulation, die verhindern, dass die Betroffenen in zähe und rechtlich stark eingehegte administrative Zuständigkeitsbereiche vordringen. Aufgrund einer Vielzahl von Faktoren – vom Verweis auf die angebliche Effizienz robuster Grenzpraktiken, die Notwendigkeit, immer neue Fluchtrouten zu schließen, die gesellschaftliche Mobilisierung gegen irreguläre Migration bis zur steten Klage darüber, dass die verliehenen Befugnisse noch nicht ausreichten – lässt sich für die letzten Jahre eine schrittweise Machtausweitung des Grenzschutzes konstatieren. Diese findet auf drei Ebenen statt: der Ebene der Budgets und der formalen Kompetenzen, der Ebene des Schutzes der Organisation vor demokratischer Kontrolle und Strafverfolgung sowie der Ebene der Ergänzung des staatlichen Grenzschutzes durch private Akteure wie Bürgerwehren oder Milizen.

(1) Auf der ersten Ebene weitet sich der Grenzschutz organisatorisch aus. Formell geschieht dies durch einen kontinuierlichen Zuwuchs an Mitteln und Personal. Eine Besonderheit des neuen westlichen Grenzregimes, wie es in den letzten drei Jahrzehnten entstanden ist, besteht in dem enormen und wachsenden finanziellen, personellen und technologischen Aufwand, der betrieben wird, um sich dem Mobilitätsbedarf unerwünschter Personengruppen entgegenzustellen. Organisierte Gewaltausübung ist teuer, und es ist erstaunlich, dass liberale Gesellschaften bereit sind, sehr viel Geld für Gewalt gegen unbewaffnete Zivilisten auszugeben. Allein das Jahresbudget von Frontex ist seit der Gründung im Jahr 2004 von 6 auf 765 Millionen Euro im Jahr 2022 gestiegen. Der Trend hält an. Ein Blick auf die Mittel, die im mehrjährigen Finanzrahmen 2021-2027 der EU für den Grenzschutz vorgesehen sind, zeigt, dass die Ausgaben für »integrierte Grenzverwaltung« (*integrated border management*) im Verhältnis zum Budget für die Jahre von 2014-2020 um 131 Prozent auf 6,2 Milliarden Euro gesteigert werden sollen, während die Mittel für Agenturen wie Frontex und Europol um 129 Prozent auf 9,6 Milliarden erhöht werden sollen.[25] Hinzu kommen viele Milliarden etwa für den EU-Treuhandfonds für Afrika, die unter anderem dafür ausgegeben werden, um Migration bereits in Herkunfts- und Transitländern zu unterbinden. Die Verwendung dieser Mittel ist notorisch intransparent und folgt nicht den in der EU sonst üblichen Vergaberichtlinien.[26] Dazu kommen noch beträchtliche nationale Ausgaben für die polizeiliche Überwachung der Grenzen und die Kontrolle des grenzüberschreitenden Verkehrs, die von der Bundespolizei und anderen nationalen Polizeiapparaten übernommen werden, sowie die immensen Ausgaben für die Errichtung, den Erhalt und den notwendigen kontinuierli-

chen Ausbau von Grenzzäunen und Überwachungstechnologien in vielen europäischen Staaten.

In den USA ist die Datenlage etwas übersichtlicher. Seit der Schaffung des Ministeriums für Heimatschutz im Jahr 2002 bis zum Jahr 2020 hat die Regierung geschätzte 333 Milliarden US-Dollar für den Grenzschutz und die Durchsetzung des Grenzregimes im Innern der USA (Haftanstalten für irreguläre Migranten, Abschiebungen usw.) ausgegeben.[27]

Parallel zur Erhöhung der Budgets erfährt der Grenzschutz stete Kompetenzausweitungen. Dies kann man am Beispiel der Vereinigten Staaten sehr deutlich nachvollziehen. Mit der Einführung der Quotengesetze wurde in den zwanziger Jahren auch die United States Border Patrol (USBP) gegründet. Im Zuge von Schüben xenophober oder rassistischer Politik hat sie immer wieder neue Befugnisse erhalten und wurde auch immer mehr militärisch aufgerüstet.[28] Mit besonderen Handlungsspielräumen ausgestattet können Grenzschutzeinheiten des Heimatschutzministeriums wie die USBP oder die auch für Abschiebungen zuständige Einwanderungs- und Zollbehörde (Immigration and Customs Enforcement, ICE) mittlerweile Migranten und US-Bürger anlasslos durchsuchen, ohne hinreichenden Verdacht in Gewahrsam nehmen oder sogar abschieben.[29]

Als im Sommer 2020 im ganzen Land im Nachgang des Mordes an George Floyd Statuen fielen und Black Lives Matter zu einer neuen Massenbewegung anwuchs, avancierte die Border Patrol gar zur präsidialen Schutzmacht.[30] In einem kaum kommunizierten Exekutivbefehl, also ohne öffentliche Aufmerksamkeit und außerhalb der parlamentarischen Kontrolle, übertrug Präsident Trump den Schutz aller Immobilien und Denkmäler innerhalb der hundert Meilen weit reichenden Grenzzone, die sich im Bundesbesitz befinden,

den Sicherheitsorganen wie der USBP, die dem Heimatschutzministerium unterstellt sind.[31] Eine teilweise maskierte, mit Sturmgewehren und Panzerfahrzeugen ausgerüstete Polizeieinheit, die sonst an der Grenze operiert, sollte auch im Inneren des Landes für Ruhe sorgen. In Portland lieferten Graffiti an Häusern und Denkmälern den Anlass für Grenzpolizisten, viele darunter in militärischer Kleidung ohne offizielle Abzeichen, Protestierende in Lieferwagen zu zerren und abzutransportieren. Dabei wandten »Trumps Stoßtruppen« Methoden an, die sie zuvor an der Grenze jenseits öffentlicher Kontrolle im Einsatz gegen Migranten und Menschenrechtsaktivisten erprobt hatten.[32]

Auch in Europa gibt es unter ganz anderen Voraussetzungen starke Tendenzen einer Ausweitung der Aufgaben und Befugnisse der europäischen Grenzschutzagentur. Die Voraussetzungen sind andere, auch weil sich die europäische Integration nicht als ein Prozess der Herausbildung eines kontinentalen Nationalstaats beschreiben lässt. Folglich ist Frontex eine »Agentur«, deren Wachstum keiner Zwangsläufigkeit folgt.[33] Und doch haben auch hier Watchdog-Organisationen allen Grund, immer wieder Alarm zu schlagen. Allerdings krankt die Formierung einer geeinten kritischen Öffentlichkeit an den noch unübersichtlicheren Strukturen des Grenzschutzes und der europäischen Sprachenvielfalt.

Anfangs sollte Frontex die Mitgliedsstaaten der Europäischen Union lediglich mit Analysen und Ausbildung unterstützen. Insbesondere seit die EU die von Italien geführte Operation Mare Nostrum zur Seenotrettung im Mittelmeer 2014 beendete, wird Frontex immer stärker zu einer europaweiten Quasipolizei mit entsprechender Aufrüstung ausgebaut. Seit 2016 verfügt die Agentur sogar über eine »Ständige Reserve« (Standing Corps) mit ca. 10000 Einsatzkräften, deren Mitarbeiter als einzige Vertreter einer EU-Agentur Uniformen tragen. Frontex-Beamte sind zudem feste Bestandteile diplomatischer Verhandlungen mit Drittstaaten im Globalen Süden, was die europäische Außen- und Wirtschaftspolitik eng mit dem Projekt der Migrationsverhinderung und Grenzsicherung verzahnt. Auch im Zusammenspiel mit europäischen Nachbarstaaten dient Frontex als ein zunehmend wichtiges Medium der Kooperation. So erhielt Frontex im Herbst 2022 ein mit zusätzlichen 39,2 Millionen Euro unterlegtes erweitertes Mandat, um im Vorfeld der EU-Außengrenzen in den Westbalkanstaaten für »verstärkte Zusammenarbeit bei Rückführung und Rückübernahme« von irregulären Migranten sowie dem »Kampf gegen die Schleusung von Migranten« zu sorgen.[34] Auf vielfältige Art verbindet Frontex geheimdienstliche Wissensproduktion, außenpolitische Politikberatung und robuste Polizeieinsätze. Im Kern der EU wächst ein neuer mächtiger Player mit einer Vorbildfunktion für nationale Grenzsicherungsbehörden heran.

(2) Zweitens ist die weitgehende Befreiung von Kontrollformaten und Berichtspflichten, die für demokratische Polizeibehörden eine Grundvoraussetzung sind, ein zentraler Aspekt der Machtausweitung des europäischen Grenzschutzes. Ähnlich wie bei der Border Patrol in den USA stehen auch bei Frontex dem steten Zuwuchs an Mitteln und Kompetenzen keine entsprechenden Kontrollmöglichkeiten gegenüber.

Dies könnte man wohl eher vernachlässigen, wenn Gewaltereignisse an den Grenzen bloße Ausrutscher wären. Wie wir jedoch im zweiten Kapitel gezeigt haben, sind Rechtsbrüche an den Grenzen ein strukturelles Problem. Besonders deutlich werden die Folgen der mangelhaften Kontrolle beim US-amerikanischen Grenzschutz, der in der Tat der öffentlichen und parlamentarischen Aufsicht zu einem großen Teil entzogen ist. Wissenschaftler und Journalisten sprechen daher von einer Organisation »außer Kontrolle«.[35] Dies zeigt sich insbesondere bei der Aufklärung möglicher Straftaten von Beamten an der Grenze. Vor dem Hintergrund zahlreicher Fälle, bei denen Mitglieder der Border Patrol in den Tod oder die Verletzung von Migranten oder auch Einheimischen verwickelt schienen, wurden 2010 sogenannte Critical Incident Teams eingerichtet. Kritiker bezeichneten sie als polizeiliche »Schatteneinheiten« (*shadow units*). Die Aufgabe dieser Teams bestand darin, mögliche Straftaten von Grenzschützern zu vertuschen, indem sie Beweise zurückhielten oder vernichteten oder Zeugen unter Druck setzten, um die Ermittlungsarbeit regulärer Polizeibehörden ins Leere laufen zu lassen. Diese Schatteneinheiten waren selbst von vielen internen Berichtspflichten befreit.[36] Auf diese Weise gewährte sich Amerikas größte Vollzugsbehörde eine beispiellose Immunität vor Strafverfolgung.

Zwar wurden die Schatteneinheiten zum 1. Oktober 2022 aufgelöst. Kritiker äußern jedoch den Verdacht, dass sie sich intern neu formieren und längst das gesamte interne Berichtswesen innerhalb des Grenzschutzes korrumpiert haben.[37] Von der Regierung ist auch nicht allzu viel Druck zu erwarten. Bereits Janet Napolitano, die als erste Ministerin für Heimatschutz unter Barack Obama auch für die Border Patrol zuständig war, sagte den denkwürdigen Satz: »Aufsicht kann man auch übertreiben. Und wenn es um das Heimatschutzministerium geht, dann ist sie tatsächlich schädlich.«[38]

Auch in Europa entzieht sich der Grenzschutz systematisch der externen Kontrolle. So ist beispielsweise die Bundespolizei selbst für die Prüfung von Vorwürfen des Racial Profiling zuständig. Von den 66 Beschwerden im Jahr 2021 ergab die Aufarbeitung, dass 56 »unbegründet« und sieben »nicht aufklärbar« seien, drei lägen außerhalb der Zuständigkeit der Bundespolizei.[39] Im Jahr 2022 sah es ähnlich aus. Von den bis Ende November vorliegenden 34 Vorwürfen galten 30 als unbegründet, einer als nicht aufklärbar und drei seien noch in Bearbeitung. Während nicht nur zahlreiche NGOs, sondern auch der Europäische Gerichtshof für Menschenrechte dem deutschen Grenzschutz Fälle von Racial Profiling anlasten, verneinen die sich selbst kontrollierenden Sicherheitsbehörden und die Bundesregierung, die ihren Darstellungen folgt, das Problem.[40]

Dieses Vermeiden kritischer Kontrolle steigert sich auf der europäischen Ebene. Insbesondere Frontex ist der öffentlichen Aufsicht weitgehend entzogen. Frontex verschleppt journalistische Anfragen systematisch und selbst Abgeordneten des Europäischen Parlaments gegenüber hat Frontex erst seit einer Reform 2019 nur sehr begrenzte, von strikten Vertraulichkeitsregeln eingeschränkte Auskunftspflichten. Und nicht einmal diesen kommt die Agentur nach.[41] Frontex versteht ihr Mandat der Aufklärung über Risikofaktoren an den Grenzen offenkundig eher im Sinne eines Geheimdienstes als einer Agentur der öffentlichen Verwaltung, die sie eigentlich ist. Ein Beispiel: Bei der Gründung wurde Frontex dazu verpflichtet, die eigenen Dokumente zugänglich zu machen. Dem kam die Agentur 17 Jahre lang einfach nicht nach. Als im Sommer 2022 eine Datenbank mit Frontex-Dokumenten als Transparenzinitiative online ging, enthielt sie wenige, großenteils triviale Dokumente.[42] Eine öffentliche Kontrolle der größten und mächtigsten EU-Agentur ist so nur schwer möglich.

Selbst interne Kontrollen hat Frontex systematisch zu verhindern versucht. So hat die Agentur zwar ein Grundrechtsbüro zur internen Überprüfung möglicher Menschenrechtsverletzungen eingerichtet, allerdings immer wieder Vorkommnisse vor diesem Büro verschleiert. Durch einen Bericht des Europäischen Amts für Betrugsbekämpfung (Office Européen de Lutte Anti-Fraude) sind inzwischen allerdings nicht nur mutmaßliche Menschenrechtsverletzungen, sondern auch diese Praktiken der Verheimlichung teilweise ans Licht gekommen. Der Bericht war zwar vertraulich, wurde aber im Oktober 2022 an mehrere Nachrichten-Portale geleakt. Ein Beispiel aus dem haarsträubenden Bericht: Als die griechische Grenzpolizei im August 2020 illegale Pushbacks vornahm, verlegte Frontex ohne weitere Erklärung ein anwesendes Überwachungsflugzeug (Frontex Surveillance Aircraft, FSA) ins zentrale Mittelmeer, um nicht Zeuge des Vorgehens der griechischen Kollegen zu werden. Tatsächlich findet sich in einem späteren Briefing die handschriftliche Notiz: »Wir haben unser FSA vor einiger Zeit verlegt, um nicht Zeuge zu werden.«[43] In anderen Fällen beobachteten die Frontex-Beamten überfüllte Gummiboote, in denen Migranten in den sicheren Tod trieben – und spielten den Fall anschließend herunter.

In diesen und anderen Fällen sträubte sich Frontex gegen die Zusammenarbeit mit dem eigenen Grundrechtsbüro. Intern wurden dessen Mitarbeiter als Vertreter einer »intellektuellen Diktatur« verächtlich gemacht, die alles »an NGOs berichtet und zu Rote-Khmer-Terror in der Agentur führt«.[44] Untereinander bezeichneten hohe Frontex-Beamte sogar die EU-Kommission als eine Institution, die »Frontex zu einem legalen Schmuggler/Taxi« für Migranten machen wolle oder schlicht als »die aktuell größte Gefahr für die europäischen Truppen und Frontex«.[45] Dass selbst nach der Offenlegung solcher Äußerungen harte strukturelle Reformen ausblieben, verdeutlicht, wie erfolgreich sich Frontex immer weiter verselbständigt, während sich die europäische Grenzpolitik zugleich immer mehr von der Agentur abhängig macht. Die Kombination von komfortabler Ausstattung, großem Einfluss und organisierter Intransparenz macht Frontex zu einem Musterbeispiel für die Demokratiedefizite der EU. Sie erinnert uns zudem daran, wie flexibel die Interpretation der »Ziele« ist, die sich die Europäische Union gesetzt hat. In Kapitel 2 haben wir ausgeführt, dass die Union seit dem Vertrag von Amsterdam einen »Raum der Freiheit, der Sicherheit und des Rechts« immer unter dem Vorbehalt von »geeigneten Maßnahmen« anstrebt, die ihr notwendig erscheinen, um die Außengrenzen zu schützen. Der Fall Frontex zeigt, dass die dafür zuständige Agentur je nach Situation frei interpretiert, was »geeignete Maßnahmen« sind.

(3) Neben der formellen organisatorischen Machtausweitung gibt es noch das Phänomen der erwünschten oder unerwünschten Übernahme von Grenzschutzaufgaben durch private Akteure. Häufig treten in Grenzräumen selbsterklärte Bürgerwehren auf, weil es die Grenze ist, die Fantasien über das »Volk« diesseits der Mauern und die Bedrohungen wachruft, denen es angeblich ausgesetzt ist. »Baut die Mauer und eröffnet das Feuer«, rief ein geladener Sprecher während einer Demonstration in Phoenix im US-Bundesstaat Arizona bereits im Jahr 1990.[46] Solche Sätze bestimmen bis heute immer wieder die Tonlage in weiten Teilen des Landes, wobei nicht immer ganz klar wird, wer auf wen feuern soll.

Bereits seit Jahrzehnten patrouillieren an der US-amerikanisch-mexikanischen Grenze neben den staatlichen Organen der Grenzkontrolle mehr oder weniger schwer bewaffnete rassistische Gruppen. Der Historiker Greg Grandin berichtet in seinem mit dem Pulitzer-Preis ausgezeichneten Buch zur Geschichte des amerikanischen Grenzmythos, dass sich bereits seit den späten achtziger Jahren private Gruppen besonders im County San Diego die Jagd auf »Mexikaner« zu einer regelrechten Freizeitaktivität auserkoren, zu der auch Raub und Mord gehörten. Viele der Täter waren Veteranen des Vietnamkriegs, die die Gewalt gegen Nicht-*Weiße* nun an der amerikanischen Grenze fortsetzten. Die Border Patrol, deren Officers teilweise eng mit diesen privaten Gruppen verflochten waren, erwies sich dabei als das, was sie nach Grandin von Anfang an war, nämlich ein »an vorderster Front stehendes Werkzeug der weißen Vorherrschaft«.[47] Der Trend zur organisierten rassistischen Gewalt an der Grenze hat sich seitdem eher noch verstärkt. Während der Präsidentschaft von George W. Bush konnten sich die Bürgerwehren schließlich auf den gesamten Grenzraum ausdehnen und allmählich die Politik der US-Regierung beeinflussen. Staatsanwaltschaften verzichten immer wieder auf die Verfolgung strafbarer Handlungen, so zum Beispiel in Fällen der durch Privatpersonen vorgenommenen Inhaftierung angeblicher Migranten, die irgendwo in Grenznähe »gestellt« wurden. Auch die offizielle Border Patrol lobt gelegentlich die Selbstjustiz von Milizen, deren Gift der Gewalt von der Grenze aus in die Gesellschaft eindringt und das Rechtsverständnis korrumpiert.[48]

Nicht zu unterschätzen sind zudem Initiativen wie »We Build the Wall«, die auf Basis privater Spenden eine Grenzmauer zu Mexiko errichten wollen. Hinter der – wie sich derweil in zahlreichen Gerichtsverfahren herausgestellt hat auch zur persönlichen Bereicherung gegründeten – Organisation verbergen sich einflussreiche Personen des rechten Rands wie der rechtsextreme Stratege Steve Bannon oder der Blackwater-Gründer Erik Prince, der für die Privatisierung des Kriegs und ein neues dunkles Kapitel in der amerikanischen Militärgeschichte steht. Wenn die Politik sie gewähren lässt, was unter der Regierung Trump sowie in Texas und New Mexiko auch nach richterlicher Prüfung geschah, überführen solche Initiativen privaten Rassismus in staatliche Sicherheitspolitik.

Aber auch in Bulgarien, Griechenland, Schweden oder Slowenien sind bewaffnete nationalistische Gruppen aufmarschiert, um die »echten Kulturen Europas« gegen die »Idioten aus der Wüste« zu verteidigen.[49] Im Herbst 2021 inszenierten sich Neonazi-Gruppen an der deutsch-polnischen Grenze als letztes Bollwerk gegen Migration. Alle diese Vereinigungen geben vor, die Arbeit der Grenzpolizei zu unterstützen, untergraben aber das staatliche Gewaltmonopol.

Wenngleich ihnen in Europa offizielle Stellen entgegentreten (anders als zahlreiche konservative Politiker in den USA), ermöglicht das Wissen um die Existenz solcher Gruppen diskursive Entlastungsstrategien. Immer wieder kommt es auch im Umfeld der europäischen Außengrenzen zu blutigen Übergriffen auf Migranten. Aufgrund der eingeschränkten öffentlichen Kontrollmöglichkeiten zum Beispiel in schwer zugänglichen – und genau darum für Grenzübertritte besonders relevanten – Bereichen des Grenzraums können die Täter dieser Übergriffe oft nicht eindeutig identifiziert werden. Viele der Übergriffe sind allerdings gut dokumentiert und bei öffentlicher Kritik bestreiten die verantwortlichen Stellen die Beteiligung von Beamten. Als ob es nicht ein noch größeres Problem wäre, wenn Menschenrechtsverletzungen an der Grenze nicht durch die Polizei, sondern durch frei operierende Banden begangen würden, die überdies straffrei davonkommen.

3.3 Schleichende Erosion des Rechtsstaats

Wenn Grenzschützer oder ihre Vorgesetzten die Rechte anderer verletzen und Straftaten begehen oder anordnen, ist das gewiss Anlass zur Sorge. Es ist aber nicht unbedingt ein Grund, gleich am Rechtsstaat zu zweifeln. Dasselbe gilt, wenn Mitglieder privater Bürgerwehren oder Milizen an der Grenze das Gesetz in die eigene Hand nehmen. Man kann sich sehr wohl einen intakten Rechtsstaat vorstellen, in dem solche Dinge passieren, die Verantwortlichen aber hinterher vor Gericht landen und zur Rechenschaft gezogen werden. Die Erosion des Rechtsstaats beginnt allerdings, wenn mutmaßliche Rechtsbrüche von den zuständigen Instanzen gar nicht mehr als solche wahrgenommen und behandelt werden, wenn Verantwortliche systematisch vor Strafverfolgung geschützt werden, Zeugen zum Schweigen gebracht oder Betroffene nicht vor Gericht klagen können. In den USA haben nur noch schätzungsweise fünfzehn Prozent der Personen, die sich angeblich unrechtmäßig im Land aufhalten und abgeschoben werden sollen, die Chance, ihren Fall von einem Richter entscheiden zu lassen.[50] Man stelle sich vor, dass solche Phänomene der Rechtsverweigerung um sich greifen und allmählich die gesamte Gesellschaft erfassen. Am Ende hätten wir eine Situation, in der Einspruch gegen Verwaltungshandeln unmöglich ist, in der die Ermittlungsbehörden aufhören zu ermitteln, Journalisten nicht mehr recherchieren, eine ahnungslose Öffentlichkeit sich abwendet und Whistleblower sich nicht mehr aus der Deckung trauen. Gewalt würde normalisiert, weil die Gesellschaft mitspielt.

Aber eine solche Entwicklung ist nicht zwangsläufig. Gewalt und andere Verhaltensmuster breiten sich nicht von alleine aus, sondern dadurch, dass ihre Übernahme durch

Macht erzwungen wird, dass man andere freiwillig nachahmt oder man dem Druck einer gemeinsamen Umwelt nachgibt.[51] Auch die Ausweitung der Macht des Grenzschutzes zieht keineswegs automatisch die Erosion des Rechtsstaats nach sich. Geschlossene Grenzen – oder genauer: der politisch konzipierte und polizeilich gestaltete Versuch der Schließung von Grenzen – bedeuten eine Gefahr für den Rechtsstaat, nicht sein sicheres Ende. Allerdings stehen rechtsstaatliche Grundsätze – besonders die Gleichheit aller vor dem Gesetz, der Schutz vor staatlicher Willkür und die Kontrolle staatlichen Handelns durch unabhängige Gerichte – dem Projekt einer totalen Kontrolle der Grenzen im Wege. Wer Migranten als Feinde oder »Invasoren« betrachtet und ihre Unterstützer im Landesinneren als Kollaborateure oder ausländische Agenten, strebt nach einem geschwächten Rechtsstaat, um freie Hand zu haben. So führt die Obsession mit der Grenze zur Obsession mit den Rechten aller, die als störende Hindernisse in der Umsetzung der Sicherheitsmaßnahmen wahrgenommen werden. Darum ist die Sorge davor, dass Europa durch den Ausgriff der Grenze nach innen irgendwann zu einem »rechtsfreien Raum« werden könnte, nicht gänzlich unbegründet.[52]

Tatsächlich lässt sich beobachten, dass einige der Mitgliedsstaaten der EU, die an den Außengrenzen liegen und sich besonders militant gegen Migranten wehren, rechtsstaatliche Prinzipien systematisch verletzen. Die polnische Regierung setzt an der Grenze zu Belarus das Militär gegen Migranten ein und sieht sich in einem »Informationskrieg« mit dem Nachbarland. Daraus leitet die Regierung – trotz Widerspruchs des polnischen Verfassungsgerichts – das Recht ab, die Pressefreiheit sowie die ärztliche Notversorgung von Flüchtlingen in der Grenzregion gewaltsam zu unterbinden.[53]

Auch Kroatien schreckt nicht vor der Festnahme von Journalisten zurück, die es wagen, in der Grenzregion zu Bosnien zu recherchieren.[54] Dabei fällt auf, dass insbesondere jene Länder engagierte Mauerbauer sind, die wegen Einschränkungen der Rechtsstaatlichkeit auch in anderen Sektoren und Bereichen in der Kritik stehen. In der internationalen Rangliste der Rechtsstaatlichkeit, die das World Justice Project jedes Jahr zusammenstellt, lag Polen 2022 nur auf Platz 36, knapp vor den Vereinigten Arabischen Emiraten, Griechenland auf Rang 44, Kroatien auf Platz 47 hinter Namibia und Ruanda und Ungarn auf Platz 73 deutlich hinter Kasachstan, der Mongolei, Jordanien oder Tunesien. Zum Vergleich: Die drei Länder ohne kontinentale europäische Außengrenzen – Dänemark, die Niederlande und Deutschland – belegten die Plätze 1, 5 und 6.[55]

Damit ist noch nichts darüber gesagt, ob es die Gewalt an den Grenzen und ihre Akteure sind, die den Rechtsstaat korrumpieren, oder ob umgekehrt die Aushöhlung des Rechtsstaats die gewaltsame Migrationsabwehr erst ermöglicht. In allen Staaten, die sich durch gewaltsame Grenzregimes gegen Migration abschotten, gibt es ein komplexes Wechselspiel zwischen liberaler Gesellschaft und illiberalen Grenzen. Die Frage ist, ob und wie sich die unmenschlichen Zustände an der Grenze in der weiteren Gesellschaft ausbreiten und »ihre Verderbtheit [*corruzione*] in die Eingeweide des Staats« eindringen, um eine Formulierung Machiavellis aufzugreifen.[56] Die Antwort auf diese Frage fällt je nach Kontext sehr unterschiedlich aus. Ein robuster demokratischer Rechtsstaat kann die Dominoeffekte ausbremsen, die von der Gewalt an der Grenze ausgehen, aber wie robust der Rechtsstaat ist, zeigt sich erst im Ernstfall.

In Europa kommt die Besonderheit hinzu, dass das Spannungsverhältnis zwischen liberaler Gesellschaft und illiberalen Grenzen durch das Spannungsverhältnis zwischen der EU und ihren Mitgliedsstaaten überformt wird. Die Europäische Union ist kein Staat und folglich auch kein Rechtsstaat, wohl aber eine Organisation, die Rechtsstaatlichkeit garantieren will und die ihre Mitglieder als Rechtsstaaten verpflichtet. Dazu gehört zunächst einmal, dass diese sich an die EU-Verträge halten einschließlich der Charta der Grundrechte der Europäischen Union – der allerdings Polen nur mit Vorbehalten zugestimmt hat.[57]

Der Europäische Gerichtshof (EuGH) hat beispielsweise in den vergangenen Jahren explizit verlangt, dass die Mitgliedsstaaten an den Kodex von Schengen achten, der Grenzkontrollen zwischen Mitgliedsstaaten nur kurzfristig und im Falle einer ernsthaften Bedrohung der öffentlichen Sicherheit und Ordnung erlaubt. Ebenso hat das Gericht 2019 der Klage eines österreichischen Staatsbürgers stattgegeben, der sich an der Grenze zu Slowenien weigerte, seinen Ausweis zu zeigen, – und auf sein Recht als Unionsbürger pochte.[58] Kritik gab es auch an der Verlängerung der deutsch-österreichischen Grenzkontrollen durch das Bundesinnenministerium, die mit gestiegenen Flüchtlingszahlen begründet wurde, sowie an den Grenzkontrollen, die die französische Regierung seit Jahren an der Grenze zu Italien aufrechterhält. Die Ausnahme, so der EuGH, müsse tatsächlich eine Ausnahme bleiben. Mehrfache Verlängerungen des Sonderstatus, der Binnenkontrollen erlauben soll, sind unzulässig. Der EuGH hat zudem eindeutige Urteile gegen Polen und Ungarn wegen deren Umgang mit Flüchtlingen gefällt. Ungarn wurde weiterhin dafür verurteilt, dass das Land eigene Bürger kriminalisiert, die nichts weiter tun, als Flüchtlingen bei ihrem Versuch zu unterstützen, einen Asylantrag zu stellen.[59] Ungeachtet dieser Urteile überwiegt die Tendenz, auf nationaler Ebene Ausnahmezustände auf Dauer zu stellen und zu normalisieren.[60]

All dies könnte den Eindruck erwecken, als vertrete die EU nach innen und außen eine relativ liberale Grenzpolitik im Unterschied zu den Mitgliedsstaaten, die nur nationale Eigeninteressen verfolgen. Aber dies ist bestenfalls die halbe Wahrheit. Die europäische Rechtsprechung bleibt nicht unberührt von der Tendenz zur Migrationsabwehr. Nach 2010 forderten europäische Gerichte noch in vielen Situationen die strikte Einhaltung von Grundrechten an den Grenzen und in Asylverfahren. Ein Jahrzehnt später begann der Europäische Gerichtshof für Menschenrechte, der zwar keine Institution der Europäischen Union ist, dessen Verfahren und Urteile für die EU-Rechtsprechung aber fraglos von Bedeutung sind, manche gewaltsame Rückweisungen an den Grenzen für legal zu erklären. 2020 verwies das Gericht darauf, dass Migranten am Grenzzaun zum spanischen Melilla den Schutz vor solchen Pushbacks verloren hätten, weil sie gewalttätig gewesen seien.[61] Im Frühjahr 2022 wurden Pushbacks in Nordmazedonien für legitim erklärt, obwohl die betroffenen Migranten friedlich waren, aber »durch die Teilnahme an einer illegalen Einreise« ihren Rechtsanspruch auf Anhörung in einem Asylverfahren verwirkt hätten.[62] Damit erhob der Gerichtshof über frühere Urteile hinweg die Sprache der »illegalen Migration« zum Ankerpunkt einer neuen Rechtsprechung, die darauf abzielt, die Wahrnehmung des Grundrechts auf Asyl zu erschweren oder unmöglich zu machen. Juristen verweisen darauf, dass der Gerichtshof zu einer »dynamischen« Interpretation der Menschenrechte neigt, die sich auf »europäische Werte« stützt, wie sie von wechselnden politischen Mehrheiten verstanden werden.[63] Daran erkennen wir einmal mehr: Das europäische Versprechen ist immer nur das, was man aus ihm macht.

Ein polnisches Gesetz, das seit Ende 2021 kollektive Pushbacks erlaubt, befindet sich somit zwar im Widerspruch zu Geist und Buchstabe der Charta der Grundrechte und früheren Urteilen, aber durchaus im Einklang mit der erwähnten jüngeren europäischen Rechtsprechung. Dazu passen auch andere Wortmeldungen von höchsten europäischen Stellen. Die neu errichtete Mauer aus fast 50000 Tonnen Stahl an der EU-Außengrenze zwischen Polen und Belarus wurde zwar letztlich nicht von der EU mit finanziert, aber Ratspräsident Charles Michel ließ im Vorfeld keinen Zweifel daran, dass er den Bau einer solchen »physischen Grenz-Infrastruktur« gegen Migranten aus dem Osten unterstütze.[64] Gegen Ungarn wurde ein halbherziger »Rechtsstaatsmechanismus« mit potenziell empfindlichen Streichungen von EU-Fördergeldern in Gang gesetzt, aber nicht wegen der Verletzung von Menschenrechten an den Grenzen und gegenüber der kritischen Zivilgesellschaft, sondern wegen der Veruntreuung von Fördergeldern in der Vergangenheit.

Wichtiger jedoch ist die Tatsache, dass die Kommissionspräsidentin Ursula von der Leyen militanten Migrationsgegnern überall in Europa die Bausteine einer doppelbödigen Rhetorik geliefert hat, mit der sich in Zukunft die willkürliche Schließung von Grenzen rechtfertigen lässt. So gehört die »Förderung unserer europäischen Lebensweise« zu den Prioritäten der Kommission, der ein eigenes Arbeitsfeld gewidmet ist.[65] Nach der Bekanntgabe des merkwürdigen Namens dieses Arbeitsfeldes und des damit verbundenen Schutzauftrags fragten kritische Kommentatoren sogleich, worin denn die europäische Lebensweise bestehe und ob es vielleicht die Kommission sei, die den Bürgern Europas sagen möchte, was europäisch ist und was nicht. Außerdem wurde die naheliegende Frage gestellt, vor wem denn diese Lebensweise geschützt werden müsse. Einen Hinweis geben die drei Aufgaben, die dem Arbeitsfeld zugewiesen worden sind: Aufrechterhaltung des Rechtsstaats, Migrationskontrolle und innere Sicherheit. Diese Kombination legt den Schluss nahe, dass aus der Sicht der Kommission die Bedrohung der europäischen Lebensweise vor allem von außen kommt, in Gestalt mobiler Nichteuropäer.

Insbesondere grüne und linke Abgeordnete des Europäischen Parlaments kritisierten von der Leyen scharf. Die Sprache der Kommissionspräsidentin erschien ihnen als eine Verbeugung vor den Regierungen in Polen und Ungarn. In ihrer Verteidigung beharrte von der Leyen jedoch darauf, dass sie nur universalistische Prinzipien im Sinne habe und keineswegs die Rhetorik der autoritären Rechten aufgreifen wolle. Wenn aber die Kommission universalistische Prinzipien vertritt, was ist dann das spezifisch Europäische an diesen Prinzipien?[66] Offenkundig werden diese Prinzipien, etwa die Menschenrechte oder die Normen der Rechtsstaatlichkeit, auch an vielen Orten außerhalb Europas verteidigt und verwirklicht, oft besser als in einigen Staaten der Europäischen Union. Die Sprache der Kommission spielt mit einer Ambivalenz. Sie suggeriert, dass die europäische Lebensweise im Gegensatz zu anderen Lebensweisen durch universalistische Prinzipien definiert werde. Während im Inneren der EU rechtsstaatliche Prinzipien zunehmend ausgehöhlt werden, werden sie der Welt draußen als Zivilisationsstandard entgegengehalten. Mehr noch: Die Sprache der Kommission legitimiert indirekt die Praxis der gewaltsamen Migrationsabwehr, in deren Verlauf ebenjene Prinzipien, um deren Verteidigung es doch gehen soll, systematisch verletzt werden.

Die Rede von der zu schützenden europäischen Lebensweise dient ebenso wie die konstante Beschwörung »europäischer Werte« der Selbstermächtigung staatlicher und anderer politischer Akteure, weil der Verweis inhaltsleer und die Werte zugleich nicht verhandelbar sind. »Europäische Werte« – das ist eine Leerformel, die alles Mögliche und das jeweilige Gegenteil bedeuten kann. Sie kann Frieden ebenso rechtfertigen wie die Produktion von Unfrieden, die Öffnung von Grenzen wie ihre Schließung, die Einhaltung von Menschenrechten wie ihre Marginalisierung durch Sicherheits- und Grenzschutzpolitik. Sie klingt ebenso nach Universalismus, wie sie der Abschottung vor der Welt dienen kann. Nicht anders als die EU-Kommission beschwört zum Beispiel auch die postfaschistische Partei Fratelli d'Italia in ihrem Wahlprogramm die »fundamentalen Werte« Europas.[67] Nach ihrem spektakulären Wahlsieg im Herbst 2022 füllte Italiens neue Ministerpräsidentin Giorgia Meloni diese Werte sogleich mit Inhalt, indem sie die italienischen Häfen für die Rettungsschiffe privater Seenotretter schloss. Auch die EVP-Fraktion im Europaparlament tritt für ein »Europa der Werte« ein. Deren Vorsitzender, Manfred Weber, bezeichnete die postfaschistischen Fratelli als eine »konstruktive« Kraft, mit der man »die großen Fragen Europas gemeinsam als Europäer lösen« könne.

Hier kommen zwei Dinge zusammen, die Ingeborg Maus, lange bevor Migration und Grenzen zu überragenden öffentlichen Themen wurden, als die zwei mächtigen Tendenzen identifizierte, die zu einer schleichenden »Erosion des Rechtsstaats« führen:[68] die Berufung auf technische Sachzwänge und die Erhebung inhaltlich unbestimmter »Werte« zu übergesetzlichen Imperativen. Vertreter der europäischen Institutionen pflegen das Narrativ, dass sie rechtsstaatliche Standards und

Grundrechte gegenüber Abweichlern unter den Mitgliedsstaaten verteidigen. Zu Recht befürchten sie, dass sich die Praxis rechtswidriger Gewalt an den Grenzen ausgehend von einigen Staaten an den Rändern der EU ausbreiten und demnächst auch im inneren Kern Europas mehrheitsfähig werden könnte. Dabei bemüht die Kommission jedoch ein Pathos der europäischen Werte, das uns suspekt sein sollte, weil es wie ein gar nicht so fernes Echo aus Budapest und Warschau klingt. In der Migrationsfrage ist das immer wieder inszenierte Spannungsverhältnis zwischen der Kommission und insbesondere Ungarn und Polen zu einem guten Teil auch ein Spiegelverhältnis.

3.4 Ausweitung der Kontrolle über die Einheimischen

Rund um den Globus leben Angehörige der Mittel- und Oberschicht gerne in abgeriegelten, möglichst gut bewachten privaten Wohnkomplexen mit sorgfältig gestaffelten Zugangsbeschränkungen. »Gated Communities« lautet der englische Begriff für diese frei gewählte Lebensform hinter Mauern, Zäunen und Toren. Für uns ist diese Lebensform nur deshalb interessant, weil sie etwas verrät von einer weit verbreiteten »Abriegelungsmentalität«.[69] Für die Bewohner liegt der Reiz solcher Communities in der Erwartung, unter seinesgleichen zu bleiben. Damit verknüpft ist die Hoffnung auf maximale Sicherheit angesichts der Gefahren, von denen man glaubt, dass sie in der umgebenden Gesellschaft lauern. Aber genau diese Hoffnung wird häufig nicht erfüllt. Einbrecher widmen nämlich diesen exklusiven Wohnanlagen eine besonders hohe Aufmerksamkeit, weil sie in ihnen wohlhabende Eigentümer und deren Wertsachen vermuten. Folglich werden sie erfinderisch. Die elektronischen Überwachungssysteme können ausgetrickst, das Wachpersonal kann bestochen oder von kriminellen Gangs unterwandert werden.

Hinzu kommt ein eigentümliches Paradox. Das Gefühl der Unsicherheit nährt den Wunsch nach Rückzug und Selbstisolation in Gated Communities. Oft aber führt die räumliche Abgrenzung der Ängstlichen dazu, dass ihre Angst permanent wird oder sogar zur Paranoia wächst, anstatt zu schwinden.[70] Außenseitern, die das sichtbar eingezäunte Gelände betreten, schlägt ebenso Misstrauen entgegen wie den Nachbarn, bei denen nicht auszuschließen ist, dass sie die Codes für die elektronischen Schließanlagen an Freunde, ihre Kinder, deren Freunde oder den Pizza-Lieferanten weitergeben. Wechselseitiges Misstrauen verhindert die Entstehung eines Gemeinschaftsgefühls innerhalb der geschützten Wohnanlagen. Gated Communities sind keine »Gemeinschaften« inmitten der sie umgebenden »Gesellschaft«. Letztlich führen ihre intern selbsterzeugten Unsicherheiten dazu, dass viele Gated Communities immer neue Kontrollschleifen einführen, um auch das Verhalten der Einwohner zu reglementieren und zu überwachen. Externe Besucher müssen registriert werden, Garagentore darf man nicht offen lassen usw. Die Kontrolle greift von denen, die draußen leben, auf die Bewohner der bewachten Wohnsiedlungen über.[71]

Ähnliche Dynamiken hat die Soziologin Teresa Koloma Beck in den bunkerartig gesicherten Gebäuden (»Compounds«) für Soldaten, ausländische Verwaltungen oder Mitarbeiter von Hilfsorganisationen nachgewiesen, die man in internationalen Spannungsgebieten wie Afghanistan findet. Die Unvermeidlichkeit des Verkehrs und einer hohen Kontaktdichte zwischen innen und außen führt zu einer »Institutionalisierung von Misstrauen« und zu einer alles andere als entspannten oder gar harmonischen Lebensform im Innern der geschützten Räume.[72] Wie im Fall der Gated Communities befördert dies »die Erzeugung eigener Welten hinter hohen Mauern«.[73]

Auch Europa mit seinen scharf kontrollierten Außengrenzen ist gelegentlich mit einer Gated Community verglichen worden.[74] Uns interessiert jedoch der Blick auf kleinräumige Lebensformen hinter Mauern nur als Ausgangspunkt für Überlegungen zu einer weiteren Art und Weise, in der befestige Grenzen nach innen ausgreifen. Die offensichtlichste Form eines solchen Ausgriffs nach innen besteht in der Stigmatisierung derjenigen Mitglieder einer Gruppe im Land, deren mutmaßliche Herkunft in einem anderen Land liegt, das als rückständig, bedrohlich oder kulturell unverträglich gilt. Wer keine Muslime, Juden, Schwarze, »Zigeuner« oder »Asiaten« im Land haben will und die Staatsgrenzen entsprechend restriktiv ausbaut, wird auch die Mitglieder dieser konstruierten Gruppen, die bereits im Land sind, loswerden wollen.[75] Dies schlägt sich in unverhältnismäßigen Zugriffen der Exekutive nieder, wie beispielsweise bei überraschenden Abschiebungen langjährig ansässiger und gut integrierter Migranten. Oder im Alltagsrassismus, etwa den Übergriffen auf Polen und andere als Osteuropäer identifizierte Mitglieder der britischen Gesellschaft vor und nach dem Brexit-Referendum.[76]

Der Rassismus ist ein Aspekt der ins Innere der Gesellschaft ausgreifenden Grenze. Diese Grenze kann sich schnell verschieben und unterscheidet messerscharf zwischen denen, die willkommen sind, und denen, die es nicht sind. »Wir brauchen eine neue Mauer«, erklärte Herbert Helmrich, der damalige Justizminister von Mecklenburg-Vorpommern im September 1992, zwei Wochen nach dem berüchtigten Pogrom von Rostock-Lichtenhagen. Denn, so raunte der Christdemokrat, »was uns überschwemmen wird, geht bis in die Türkei«.[77] Diese Art von Rhetorik, die den gewalttätigen Rassismus als Ausdruck des Volkswillens akzeptiert und dazu auffordert, ihm gemäß zu handeln, dehnt die geforderte Mauer bis tief ins Innere des Landes aus. Vor allem im lokalen Raum trug diese Umdeutung rassistischer Übergriffe in den folgenden »Baseballschlägerjahren« zur Stärkung jener Gruppen, Initiativen und Denkmuster bei, die bis heute die offene Gesellschaft bekämpfen.

In diesem Prozess des Ausgreifens der Grenze nach innen verändern sich Täter und Opfer sowie die Formen der Gewalt. Die im Innern der Gesellschaft ausufernde Gewalt der Abgrenzung wird nicht mehr nur von den Vertretern der Staatsgewalt ausgeübt, sondern auch von Privatpersonen. Und sie richtet sich neben Asylbewerbern und ausländischen Vertragsarbeitern auch gegen Einheimische, die nicht in das Bild eines erwünschten »Volks« passen, etwa trans Personen, Obdachlose und als »fremd« identifizierte Menschen, also Schwarze oder Einwohner, die irgendwie »türkisch« oder, in den USA, »mexikanisch« aussehen. Außerdem treffen rassistische Ressentiments Politiker, Aktivisten oder Journalisten, die freie Einwanderung befürworten oder sich in anderer Art für die offene Gesellschaft engagieren.

Die Auswechselbarkeit von Opfern rassistischer Gewalt und die Willkür der inneren Grenzziehung zwischen denen, die dazugehören, und den »Außenseitern« verweist darauf, dass die Figur des »Migranten« keineswegs klar vom einheimischen »Bürger« abgrenzbar ist. Beim Gegensatz von »Migrant« und »Bürger« handelt es sich um eine öffentliche Fiktion, die außerordentlich instabil ist.[78] In den nur halboffenen Gesellschaften des Westens schützt der formale Bürgerstatus überhaupt nicht vor Stigmatisierung und Ausschluss. Manche Bürger gelten für immer als Migranten oder »Ausländer«, während andere Migranten nie als solche klassifiziert werden, weil sie durch geografische Herkunft und sozialen Status geschützt sind.

Flüchtlinge und Asylbewerber, die als »Sozialtouristen« verunglimpft werden, sind im öffentlichen Diskurs nahe Verwandte der einheimischen »Sozialbetrüger«, die sich öffentliche Leistungen erschleichen. »Falsche Anreize«, so ein anderer beliebter Topos, würden einerseits Migranten ins Land locken, die keiner wolle, andererseits Sozialhilfeempfänger von der Suche nach Arbeit abhalten. Der Unterschied liegt darin, dass die einheimischen Klienten des Sozialstaats nicht abgeschoben werden können. Während sie im konservativen und rechtsnationalen Diskurs als eigentlich unerwünschte Zeitgenossen gelten, ist ihnen ein permanenter Duldungsstatus sicher, jedenfalls solange der Rechtsstaat nicht »kippt«.

Wer genau unerwünscht ist und wer darüber hinaus zum Ziel von staatlicher und privater Gewalt werden darf, wird teils im politischen System, teils in der juristischen Praxis und teils in der Öffentlichkeit ausgehandelt. Dominiert wird diese Aushandlung von politischen Eliten und den ihnen nahestehenden Medien, die nur so tun, als reagierten sie auf die Stimme des »Volkes«. In Wahrheit aber reagiert umgekehrt die Anhängerschaft demagogischer Führer darauf, wie diese Führer den Raum des Sag- und Machbaren erweitern. Das ist überzeugend am Beispiel des Wahlkampfs von Donald Trump im Jahr 2016 gezeigt worden. Überall dort, wo der Präsidentschaftskandidat auf Versammlungen auftrat, fühlten sich *weiße* Trump-Fans in dem Gefühl bestärkt, dass ihre »Identität«

bedroht sei, und zwar unterschiedslos durch Einwanderer ebenso wie durch Minderheiten unter den Einheimischen. Trumps Auftritte waren Superspreader-Events für Hassbotschaften. Sie gingen nachweislich einher mit einer steigenden Zahl von Hassverbrechen gegen Bürger und Einwohner, die verdächtigt wurden, keine »richtigen« Amerikaner zu sein.[79] Dieser Verdacht traf nicht zuletzt auch amerikanische Juden, denen Trump vorwarf, illoyal zu sein, wenn sie nicht ihn als Präsidenten unterstützen würden.[80]

Gewaltbereitschaft an den Grenzen und Angriffe auf Bewohner sind eng verflochten und bieten die hässliche Oberfläche des viel weitergehenden Phänomens einer Beschädigung der offenen Gesellschaft durch die gegenwärtigen und künftig drohenden Formen der Migrationskontrolle. Ermutigt durch Wahlsiege wie die von Giorgia Melonis Fratelli d'Italia möchten mehr oder weniger einflussreiche europäische Rechtsintellektuelle »Kulturkriege« führen, die zum Ansatzpunkt der Überwindung der liberalen Demokratie werden sollen.[81] Die Fantasie, Migration sei das zentrale Problem der europäischen Gesellschaft, soll die Massen ergreifen und mobilisieren. Gibt man dem nach, würde sich der unbedingte Wille zur Abgrenzung, der sich bereits im Bau neuer Mauern offenbart, immer tiefer in die Gesellschaft hineinfressen. Flüchtlinge werden schon heute als Menschen beschrieben, an deren Aufnahme ganze Gesellschaften »zerbrechen« können. Daraus schließen Politiker, dass auch ihren »Schleusern« im In- und Ausland das Handwerk gelegt werden muss. Als Nächstes sind die »Flüchtlingshelfer« im Inland dran, die man als Handlanger von Schleusern denunziert, und so weiter.[82] Dies wird spätestens dann politisch höchst relevant, wenn Minister einheimische Beratungseinrichtungen, Anwälte, Gerichte und andere Institutionen des Rechtsstaats als Teile einer »aggressiven Anti-Abschiebe-Industrie« brandmarken.[83]

Dabei wird die Dynamik der Stigmatisierung begleitet von einer Dynamik der Kriminalisierung. Erst übernahmen Teile der Politik und Medien die Rede davon, dass die grenzüberschreitende Migration bestimmter Personen auch dann illegal sei, wenn diese legitimerweise Schutz suchten. Dann wurde eine Vielzahl von Dienstleistungen – Fahrdienste, Lotsendienste in unwegsamem Gelände, die Versorgung und Unterbringung von Reisenden – unter dem Begriff des Menschenschmuggels zusammengefasst und unter Strafe gestellt. Einen wichtigen Ankerpunkt dieser Verschärfung bildet eine Richtlinie des Rats der Europäischen Union aus dem Jahr 2002, die die »Beihilfe« zum Menschenschmuggel verurteilte und es den Mitgliedsstaaten freistellte, Handlungen, die als Beihilfe gedeutet werden können, zu bestrafen.[84] Diese »Beihilfe«-Richtlinie hat dazu geführt, dass mehr und mehr Bürger in den Lichtkegel der polizeilichen Aufmerksamkeit geraten. Dabei geht es gar nicht nur um die Seenotrettung im Mittelmeer, über die viel berichtet worden ist, sondern auch um Unterstützung von Migranten, die versucht haben, etwa über die Grenze von Italien nach Frankreich oder von Dänemark nach Schweden zu gelangen.

So wird nicht nur Migration zunehmend erschwert, sondern auch der Beistand für Migranten durch die Zivilgesellschaft. Auch das Kirchenasyl wird zunehmend kriminalisiert. In Deutschland gab es in den vergangenen Jahren immer wieder polizeiliche Durchsuchungen von Dienst- und Privaträumen von Pfarrern und Ordensleuten, bei denen Dokumente und auch seelsorgerische Daten beschlagnahmt wurden. Staatsanwaltschaften haben Ermittlungsverfahren gegen Geistliche wegen des Verdachts auf »Beihilfe zum illegalen

Aufenthalt« von Schutzsuchenden eingeleitet. Eine Ordensschwester wurde sogar vom Amtsgericht Würzburg wegen der Gewährung von Kirchenasyl verurteilt.

Menschenrechtsorganisationen dokumentieren seit einigen Jahren die Hilfsleistungen, für die Bürger in Europa angeklagt wurden. Dazu gehören die Bereitstellung von Essen oder heißem Tee, die Unterbringung von Menschen, das Verschicken von Kurznachrichten an Migranten, das Mitnehmen von Anhaltern, das Informieren über Rechte, die Alarmierung der Küstenwache nach der Entdeckung von Menschen in Seenot oder die Berichterstattung über Menschenrechtsverletzungen an den Grenzen. Staaten wie Griechenland, Italien, Kroatien, Dänemark oder Frankreich haben auf diese Handlungen und Gesten mit Strafverfolgung reagiert, mit Bußgeldern, Bedrohung und Einschüchterung durch die Polizei oder mit Schmähkampagnen.[85]

Die Botschaft derart auftretender Staaten ist, dass die Grenze nicht nur an den Rändern des Territoriums oder der Europäischen Union verläuft, sondern zwischen jedem Einheimischen und dem unbekannten Reisenden auf der Straße oder im freien Gelände, der vielleicht eine Mitfahrgelegenheit sucht oder einfach nur Hunger hat. In Arizona sind Amerikaner allein deswegen verurteilt worden, weil sie Wasserkanister in der Nähe der Grenze zu Mexiko abgestellt haben, um Menschen, die die Wüste durchqueren, vor Dehydrierung und dem Tod durch Verdursten zu retten.[86] So befördert das Strafrecht die Verrohung der Gesellschaft.

Allerdings stößt die Kriminalisierung auch immer wieder an ihre Grenzen. Dafür bietet die Geschichte des Olivenbauern Cédric Herrou aus dem französischen Roya-Tal nahe der Grenze zu Italien ein gutes Beispiel. Herrou hatte 2016 eine afrikanische Flüchtlingsfamilie, die von Italien aus irregulär die französische Grenze überschritten hatte, am Straßenrand angetroffen und bei sich zu Hause aufgenommen. Danach begann Herrou, in der Region systematisch Geflüchtete aus Eritrea und anderen Ländern zu transportieren und zu versorgen. Damit schien der Straftatbestand der Beihilfe zur illegalen Einreise erfüllt, und Herrou wurde im Jahr darauf zusammen mit dem Ingenieurwissenschaftler Pierre-Alain Mannoni zu einer Gefängnisstrafe auf Bewährung verurteilt. Dies war jedoch nicht das Ende der Geschichte. Kritisiert wurde in der Öffentlichkeit, dass das französische Recht nicht unterscheidet zwischen organisierten Schleusern, die Menschen für Profit über Grenzen bringen, und anderen, die aus humanitären Gründen handeln. Viele hatten zudem den Verdacht, dass die Verurteilung nur deshalb zustande kam, weil man dem Front National in der Migrationsfrage Zugeständnisse machen wollte. Der Soziologe Éric Fassin behauptete sogar, dass in Frankreich inzwischen der Präsident die Justiz zu seinem Werkzeug mache.[87]

Es begann ein jahrelanges juristisches Tauziehen, das begleitet wurde von einer Vielzahl von öffentlichen Mobilisierungen und Gegenmobilisierungen sowie der grundsätzlichen Frage, ob Solidarität denn ein Verbrechen sein kann. Das Roya-Tal wurde im Volksmund das »Rebellental« genannt, und es entstand eine regelrechte Bewegung der Fluchthilfe, die »solidaires«.[88] Herrou veröffentlichte derweil seine Geschichte in einem Buch, in dem er seine Motive erläuterte und auch von seiner großen Angst erzählte, die ihm die Polizeieinsätze, Verurteilungen und verfälschende Presseberichte einjagten. Im Juli 2018 entschied schließlich das französische Verfassungsgericht, dass der Angeklagte unschuldig sei, weil sich aus dem revolutionären »Grundsatz der Brüderlichkeit« die Freiheit ergebe, anderen Menschen jeglicher

Herkunft aus humanitären Gründen zu helfen, »ohne Ansehen der Frage der Rechtmäßigkeit des Aufenthalts des Geholfenen auf dem französischen Staatsgebiet«.[89] Diese bemerkenswerte Begründung zeigt, dass es keinen Dominoeffekt gibt, der dazu führen würde, dass sich die korrumpierende Kraft befestigter Grenzen ungehindert in Staat und Gesellschaft ausbreitet.

Bisher haben wir gezeigt, dass die Abschottung der Grenze in die Gesellschaft hineingreift, indem irregulär Eingewanderte, Personen ohne gültigen Aufenthaltstitel sowie deren einheimische Unterstützer ermittelt und bestraft werden. Aber die Zusammenhänge zwischen repressiver Einwanderungskontrolle und sozialer Kontrolle der Einheimischen reichen noch viel tiefer. Die negativen Folgen, die auf Abschottung angelegte Einwanderungsregimes auch für die Freiheit von Einheimischen haben, berühren insbesondere die Vereinigungsfreiheit aller. Die Schließung der Grenzen greift in das Recht jedes Bürgers ein, sich mit Personen seiner Wahl zu gemeinsamen Zwecken und Zielen zusammenzuschließen und diese gemeinsam anzustreben. Arbeitgeber können nicht selbst entscheiden, zum Beispiel Geflüchtete in ihrem Betrieb zu beschäftigen, Universitäten bekommen nicht die Studierenden oder Lehrkräfte, die sie wollen, Familien oder Paare kommen nicht oder nur mit großer Mühe zusammen, weil ihre verschiedenen Pässe unterschiedliche Reisefreiheiten erlauben. Der Musikmanager Vik Sohonie erinnert an die vielen afrikanischen Musiker, die auf europäischen Musikfestivals eingeladen waren und auf ihr Visum warten mussten, bis es zu spät war. Die anschließenden Proteste seiner Kollegen gegen diesen Eingriff in die kulturelle Freiheit von Musikern, Veranstaltern und Zuhörern verhallten ungehört.[90]

Die Willkür in den Visa-Abteilungen westlicher Konsulate im Globalen Süden ist nicht nur kostspielig und demütigend für die unmittelbar Betroffenen. Sie beschränkt auch das Recht von Bürgern, Einwohnern und Gemeinden, zu entscheiden, wen sie beschäftigen, beherbergen, unterrichten, wem sie zuhören oder wen sie bei sich aufnehmen wollen, indem dieses Recht dem Primat der Migrationsabschottung untergeordnet wird. Schließlich zwingt der Staat, indem er die Migration kontrollieren will, den Mitgliedern der Gesellschaft hohe Kosten für den Fall auf, dass sie sich dem Ausgreifen der Grenzen in ihr alltägliches Leben widersetzen: Geld- oder Haftstrafen, die Abschiebung von Mitarbeitern, die dauerhafte Trennung von Paaren durch Wiedereinreiseverbote usw.[91]

Die gemeinsame Wurzel all dieser Eingriffe in die Freiheit Einzelner liegt in dem Mythos, dass die Abwehr angeblich unerwünschter Migranten tatsächlich im Interesse der Selbstbestimmung eines »Volkes« sei. Dies blendet aus, dass der Wille des Volkes nur stellvertretend artikuliert wird und oft die Freiheit der vielen aushöhlt, die die reale Gesellschaft bilden.

3.5 Faschismus des Herzens

Im September 1941 spielte Hitler mit dem Gedanken, nach der erhofften Unterwerfung Russlands an der östlichen Grenze des siegreichen Deutschen Reiches eine riesige Mauer errichten zu lassen. Sie sollte östlich von Moskau ungefähr auf der Linie zwischen Archangelsk im Norden bis nach Astrachan am Kaspischen Meer verlaufen, um die »mittelasiatischen Massen« abzuwehren. Aber, fügte er hinzu, »am Ende ist die beste Mauer immer noch ein lebender Wall.«[92] Die künftige großdeutsche Siedlergesellschaft sollte als ganze wie eine lebende Mauer jedes Eindringen von Fremden aus dem asiatischen Osten unmöglich machen. Die Grenze sollte überall sein und übergehen in Fleisch und Blut der Kolonisatoren.

Die demokratischen Verfassungsstaaten der Gegenwart kehren dieses totalitäre Bild um. Anstatt die gesamte Gesellschaft in einen lebenden Wall zu transformieren, der alles Fremde abstößt, zieht man es vor, die Staatsgrenzen mit Mauern zu befestigen, um – so der Anspruch – die Freiheit im Innern zu schützen. Aber auch in den Demokratien greift die Grenze auf vielfache Weise nach innen aus und untergräbt die Freiheit, die sie schützen soll. Dieses Ausgreifen prägt nicht nur die Innenpolitik der ummauerten Staaten, sondern letztlich auch das Innenleben der Subjekte dieser Staaten, von denen sich einige, wie wir heute sagen, »radikalisieren«. Bei der Radikalisierung zu neoautoritären Subjekten spielt die Frage der Schließung der Grenzen eine zentrale Rolle. Oft saugen derart radikalisierte Subjekte aus der Obsession mit unüberwindlichen Grenzen geradezu Lebenssinn. Zugleich werden sie, wenn sie bei den Mächtigen Gehör finden oder selbst politische Macht erlangen, zum Motor einer immer weitergehenden Schließung der Grenzen – sowie der Schließung der zuvor offenen Gesellschaft. Die gemeinsame sozialpsychologische Basis von offen rechtsradikalen Gruppen und Vordenkern und einer immer restriktiveren Migrationskontrolle ist dabei das, was der Soziologe Wilhelm Heitmeyer als »rohe Bürgerlichkeit« beschrieben hat.[93]

So läuft das neoautoritäre Subjekt nicht mehr wie seine Vorgänger in Uniform und Marschkolonnen durch die Straßen. Wohl aber formuliert es den Anspruch, dass ihm die

Welt überall zugänglich sein muss, zumindest als Markt und möglichst visumfrei zu erreichendes Reiseziel, während es zugleich die Welt in Gestalt von Einwanderern aus seinem Umfeld ausschließen will. Das neoautoritäre Subjekt der Gegenwart formt, ganz ähnlich wie die gründlich untersuchte »autoritäre Persönlichkeit« des 20. Jahrhunderts, im Kleinen jenen lebenden Wall, den es im Großen sehen möchte. Es hat mit der fremden Welt da draußen abgeschlossen, die nicht länger als ein Ort wahrgenommen wird, den kennenzulernen die Mühe wert wäre. Die »Unfähigkeit zur Erfahrung« scheint eine Konstante autoritärer Persönlichkeitsstrukturen zu bilden, die sich auch heute wiederfinden lässt.[94]

Im politischen Raum unterscheiden sich die heutigen Formen des autoritären Populismus vom historischen Faschismus unter anderem dadurch, dass ihr Programm weder auf imperialistische Kriege noch die Eroberung neuer »Lebensräume« zustrebt. Vielmehr sind die neuen Autoritären nicht anders als ihre Gegner Geschöpfe einer weitgehend individualisierten Gesellschaft. Vielleicht träumen auch die neuen Rechten noch gelegentlich von Staat und Nation als gepanzerten »Ganzheitsmaschinen«, wie Klaus Theweleit sie genannt hat, aber sie sind nicht von vergleichbaren, durch Krieg, Drill und Prügel geprägten Körperzuständen gezeichnet wie ihre Vorfahren nach dem Ersten Weltkrieg. Die Aggressivität ist heute eine andere. Sie ist anders organisiert und richtet sich fast nur noch nach innen: An die Stelle der alten Klage vom »Volk ohne Raum« tritt die neue Angst vor einem Raum ohne »Volk« – einem nationalen Territorium, das allmählich und absichtlich in ein bloßes »Siedlungsgebiet« für Migranten aus aller Welt verwandelt werde.[95] Die neuen Rechtsradikalen möchten nicht mehr die Welt erobern, sondern sie sich ganz buchstäblich – durch möglichst hohe Mauern, Einreiseverbote und ferne Auffanglager für Migranten – vom Leib halten.[96]

Dieses zentrale Element von Passivität und Rückzug lässt sich auch so beschreiben, dass man einerseits die »Kontrolle zurückgewinnen« möchte, wie der Slogan lautet: die Kontrolle über die empirische Vielfalt der einheimischen Wohnbevölkerung im Namen eines fiktiven homogenen Volkes; die Kontrolle über das »eigene« Land und seine Institutionen; all dies mündet in der Forderung nach Wiedererlangung der Kontrolle über die angeblich allzu offenen Grenzen des jeweiligen Landes. Zugleich plädieren die neuen Autoritären für die Vernachlässigung der anderen, die draußen sind, weit weg im Meer ertrinken, in der Wüste verdursten oder in Lagern zugrunde gehen. Die neue Rechte fordert mehr Kälte und Gleichgültigkeit gegenüber all denjenigen, die nicht zum eigenen, eng definierten nationalen Kollektiv gehören.

Vieles von dieser Kälte und Gleichgültigkeit zeigt sich bereits in den normalisierten Gewaltpraktiken des Grenzschutzes, die nicht nur ihre Opfer verletzen, sondern auch die Täter ebenso wie ihre Institution korrumpieren. Diese doppelte Korrumpierung haben ehemalige Polizisten und Whistleblower wie Francisco Cantú oder Jenn Budd für die US-amerikanische Grenzschutzpolizei gut beschrieben.[97] Deren Angehörige bezeichnen Mexikaner im Alltag gerne als TONC. Das ist natürlich kein offizieller Begriff und, wenn gefragt, soll er für »Temporarily Out of Native Country« oder ähnliche holprige Bezeichnungen stehen. Aber in Wirklichkeit ist es kein Akronym, sondern Lautmalerei: »TONC« steht für das Geräusch, das eine Taschenlampe auf dem Schädel der Migranten macht.[98]

In Kapitel 3.1 haben wir die affektive Grundausstattung beschrieben, die bei der Mehrheitsgesellschaft erzeugt werden soll, um die gewaltförmigen Grenzregimes aufrechtzuerhalten. Die Bürger müssen hässliche »Bilder aushalten«, Bilder wehrloser, frierender Menschen, die an den Außengrenzen von Bewaffneten gestoppt werden, oder angespülter Leichen an europäischen Stränden; sie müssen die Gewalt hinnehmen, die in ihrem Namen an den Grenzen ausgeübt wird; sie müssen daran glauben, dass diejenigen, die die Gewalt ausüben, sich ihre Hände für einen höheren Zweck schmutzig machen; schließlich dürfen sie auch wütend sein, aber nicht auf den Grenzschutz, sondern auf die Schleuser, die angeblich schuld daran sind, dass sich Menschen ohne legale Reisedokumente überhaupt auf den Weg machen und dann unterwegs zu Schaden kommen.

Bei einem Teil der westlichen Bevölkerungen verändert sich dieses Bündel aus Affekten und Glaubenssätzen in einer Weise, die auf politisch radikalere Lösungen drängt. Die Sozialforschung versucht seit längerer Zeit, dieses Bündel aufzuschlüsseln. Viele Beobachter sind sich einig über zentrale Persönlichkeitsmerkmale der neuen Autoritären, für die das richtige Leben ein Leben hinter Mauern ist: die prägende Rolle von Angst und Hass, das hohe destruktive Potenzial, die verzerrte Wahrnehmung der Welt und der Hang zu »paranoiden Abgrenzungen« nicht nur gegen imaginierte Feinde, sondern auch gegen die »Zumutungen der Wirklichkeit selbst«.[99] Angst und Hass, aber auch Groll und Selbstmitleid gehören zur Kategorie der »aversiven Affekte«, wie Soziologen sagen. Solche aversiven Affekte der Abgrenzung und Abwertung sind konstitutiv für die neuen Strömungen und Bewegungen, die nach immer höheren Mauern und der Homogenisierung einer Gesellschaft hinter Mauern rufen.[100]

Eine besondere Rolle kommt dabei dem Grundgefühl der Gekränktheit oder Verbitterung zu, das bei militanten Gegnern der Einwanderungsgesellschaft und jeder Öffnung der Grenzen eine Konstante zu bilden scheint. Mit Bezug auf andere Gruppen, nämlich Corona-Leugner und militante Impfgegner, diagnostizieren die Literatursoziologin Carolin Amlinger und der Soziologe Oliver Nachtwey eine »Ausweitung der Kränkungszone« in den Gesellschaften der Gegenwart und verorten hier die Geburt der neuen Autoritären.[101] Diese Diagnose lässt sich in ihren Grundzügen auf die Gegner der Einwanderungsgesellschaft übertragen. Kränkungsanfällig sind nicht nur marginalisierte Gruppen, die eine neue Sensibilität für die Ungerechtigkeiten entwickelt haben, die ihnen seit je zugefügt wurden, sowie für unsensible Sprache. Zunehmend gekränkt fühlen sich auch privilegierte Gruppen, die im Zuge von Emanzipationsbewegungen ihre vormals monopolistische Macht schwinden sehen. Reiche dürfen keine Sklaven mehr halten, Eltern dürfen ihre Kinder nicht mehr züchtigen, Männer dürfen Frauen nicht mehr sexuell belästigen.[102] Man vergleicht sich mit den ehemaligen Außenseitern, die im Verhältnis zum eigenen relativen Abstieg als die Gewinner der Geschichte erscheinen, und entwickelt Groll, Neid und Bitterkeit. Auch für Deutschland ist eine Beziehung nachgewiesen worden zwischen Bitterkeit, definiert durch das Gefühl, im Leben nicht bekommen zu haben, was man zu verdienen meint, und der Ablehnung von Einwanderung und offenen Grenzen.[103] Bitterkeit unter den Etablierten und Privilegierten rührt daher, dass Außenseiter nicht an dem Platz bleiben, den man ihnen zugewiesen hat. Erst dringen sie von außen ins Land hinein und dann von sozial niedrigen zu höheren sozialen Positionen. Sie werden sichtbarer, sprechfähiger, oft auch einflussreicher. Einige der Alteingesessenen empfinden dies als Bedrohung und schmerzlichen Verlust ihrer angeborenen Machtposition, die für sie so selbstverständlich ist, dass sie sie nicht als Machtposition wahrnehmen. Eine Folge ist, dass sie »sich gegenüber der offenen Welt« verschließen und eine solche Schließung auch zur politischen Forderung erheben.[104]

Es ist interessant und zugleich tief beunruhigend, dass einige der »regressiven Rebellen«, die Amlinger und Nachtwey für ihr Buch *Gekränkte Freiheit* interviewt haben, ganz ähnlich reden wie der Protagonist des Romans *Der Tunnel* von William H. Gass. Das Buch erschien 1995 in den USA und gilt in der Rückschau als prophetisch, weil es den Aufstieg Donald Trumps anzukündigen scheint. Der Protagonist ist ein amerikanischer Historiker, William Frederick Kohler, der an einer Universität im Mittleren Westen lehrt und sich nach jahrelanger Beschäftigung mit dem Nationalsozialismus allmählich selbst zum Nazi-Sympathisanten entwickelt. Privat komplett desillusioniert hegt Kohler eine von Wahnvorstellungen getragene Abscheu gegen alles, was er für unamerikanisch hält. Was fällt ihm ein, wenn er in Iowa Heuschreckenschwärme sieht? »Juden in Deutschland.«[105]

Wir erwähnen dieses Buch, weil es ein hellsichtiges literarisches Psychogramm eines neofaschistischen Subjekts in den USA zeichnet, das aus persönlicher Bitterkeit heraus geschlossene Grenzen sowie die Ausweisung oder radikale (Re-)Marginalisierung aller Menschen mit Migrationsgeschichte fordert. Der Kern des Faschismus wird nicht in der Sphäre der Ideen oder Praktiken, sondern ganz in der Sphäre der Affekte verortet. Gass spricht von einem »Faschismus des Herzens«.[106]

Dieser affektive Faschismus speist sich aus einem Leben, das nicht mehr lebenswert erscheint, weil man nicht mehr automatisch die Nummer eins ist, nicht als Mann, nicht als *Weißer*, Amerikaner oder Europäer, weder zu Hause noch auf der Straße oder gar in der großen weiten Welt. »Sie waren Amerikaner, verdammt nochmal, und die Amerikaner sollten an erster Stelle stehen. An erster und letzter und überhaupt, intonierte mein Vater.« Wenn dies nicht mehr gewährleistet ist, glaubt der vormals Privilegierte, dass ihm ein unermesslich großes Unrecht widerfahren sei, das wiedergutgemacht werden muss: »[U]nd wehe anderen, falls er je die Möglichkeit bekommt, sich zu revanchieren und denen, die seine Prinzipien verleumdet und seine Existenzweise geschmäht haben, zu nehmen, was schon lange ihm zusteht – Eigentum, Macht und Ehre«.[107]

Kohler ist nicht selbst gewaltbereit, würde aber ganz gewiss die Gewalt gegen andere, wenn sie denn ausbräche, begrüßen und feiern. Er verhält sich wie »der Hochgeborene, der sich weigert, den tiefen Fall zu akzeptieren«, den ihm der Prozess der egalitären Öffnung der Gesellschaft aufzwingt.[108] In dieser Situation erscheint Zuwanderung, anders als bei dem Geografen Friedrich Ratzel, nicht mehr nur eine mögliche Quelle von Krankheiten des Volkskörpers, sondern mehr noch eine Quelle von Kränkungen des Einzelnen. Die vielen gekränkten Einzelnen schreiben ihren relativen, oft auch nur eingebildeten sozialen Abstieg denen zu, die von offenen Grenzen profitieren. Das sind, in der Sprache des Romans, die »Bohnenfresser, Polacken, Itaker und Jidden«. Oder die verhassten Einwanderer aus »Afrika oder Asien«, gerade auch die »Erfolgreichen« unter ihnen.[109] Sie alle sind »Fremde mit fremden Sitten, Parasiten, Streikbrecher, Verführer – Jesus, erlöse uns«.[110] Die Befestigung, Schließung oder Wiedererrichtung der Grenze wird in Kohlers endlosen inneren Monologen zur Obsession, zu seinem einzigen Thema, »das er besetzt hält wie ein illegaler Siedler«.[111] Darin gleicht diese literarische Figur ihren zahllosen Doppelgängern in der Wirklichkeit von heute. »Vielleicht«, so fantasiert Kohler immer wieder, »sollte ich eine Partei der Enttäuschten gründen.«[112] Und wer ist der Feind dieser Partei? Die »Invasoren«.[113]

Im Unterschied zu Gass' Roman, in dem ein Gebildeter seine faschistoide Bitterkeit entfaltet, steht den heutigen Menschenfeinden die Welt der sozialen Medien offen. Die Einsamkeit wird paradoxerweise geteilt und bildet selbst eine Teilgesellschaft, die sich ihre eigene Öffentlichkeit schafft und dadurch radikalisiert. Kohler ist noch kein moderner Influencer. Er braucht viel Zeit und Hunderte von Seiten für eine Radikalisierung, die sich heute über Kurznachrichtendienste und auf Online-Plattformen in rasender Geschwindigkeit vollzieht. Anders als bei Kohler findet dabei der Faschismus des Herzens nicht nur seine individuelle Sprache, er organisiert sich gemeinschaftlich. So formiert sich von sozialen Medien ausgehend bis hin zu Wahlkampfveranstaltungen und Demonstrationen eine Öffentlichkeit des Hasses, die sich in ihren Wahrnehmungsblasen längst gegenüber der Realität verschlossen hat.

4
Schluss
Gegen die Fantasie der »sicheren Außengrenzen«

Für den amerikanischen Maler und Propagandisten der radikalen christlichen Rechten Jon McNaughton ist Donald Trump eine messianische Figur. Eines seiner Gemälde zeigt den 45. US-Präsidenten als Wächter vor einem halb geöffneten Zauntor mit einem Schlüssel in der erhobenen Hand. Hinter dem Zaun floriert »Amerika« als ein Rosengarten mit wehender Flagge in der Mitte – ein Rosengarten, wie es ihn auch auf dem geschützten Gelände des Weißen Hauses in Washington gibt. An der Außenseite des Zauns kriecht Unkraut hinauf. Der Himmel wirkt bedrohlich, aber die Figur des entschlossen blickenden Torwächters und Hausherrn soll Zuversicht in schwerer Zeit vermitteln. »Make America Safe« heißt das Kitsch-Gemälde.

Auf wenig subtile Art versinnbildlicht das Gemälde das politische Programm geschlossener Grenzen einschließlich der Aussicht auf das Ende der offenen Gesellschaft. Die geschlossene Gesellschaft entspricht der Idee eines sorgsam gepflegten Gartens hinter Mauern, der scharf abgegrenzt ist von einer Außenwelt, in der nur Unkraut gedeiht. Zwar ist außer dem Torwächter kein Mensch auf dem Bild zu sehen, aber es suggeriert, dass die Amerikaner die hoch gewachsenen Rosen des Gartens sind, während das Unkraut Menschen symbolisiert, die von außen in den Garten drängen. Für den Maler ist der Schutz des Gartens vor dem eindringenden Unkraut die »perfekte« Metapher für das, was Amerika braucht.[1]

Diese Metapher ist alt, aber immer noch aktuell. Quer

durch das 20. Jahrhundert zieht sich die Rede von Ländern als Gärten, die sorgsam gehegt und gepflegt werden müssen. Solche metaphorischen Gärten sind stets gefährdet, wie beispielsweise die Identität des »Gartens England« durch europäische Einflüsse (und den Ärmelkanaltunnel).[2] Das Bild des Gartens erhöht das eigene Land und seine Kultur gegenüber einer verwilderten Welt da draußen. Auch die Anhänger Mussolinis feierten das von ihm geschaffene Italien als einen modernen Garten. US-amerikanische Sympathisanten sahen im faschistischen Italien ein positives Gegenbeispiel zum eigenen Land, das ihnen vergleichsweise unkultiviert und seelenlos vorkam. Das faschistische Italien wirkte auf sie dagegen wie ein gepflegter Garten, in dem die Jugend nun endlich geordnet aufwuchs und selbst in Rom die Luft nach Blumen roch. Anders als im bellizistischen NS-Deutschland, das sich von der Welt absondere und gegen sie Krieg führen wolle, strebe Italien gar nach dem Wohl der Welt. Die Besetzung Äthiopiens wurde sowohl zum Kulturauftrag als auch zur Schutzmaßnahme des eigenen Gartens erklärt. Wo die Schönheit und Ordnung der Heimat von einem wilden Außen bedroht sei, müsse man dieses zurückdrängen.[3]

Eine Botschaft dieser arglos daherkommenden, aber hochpolitischen Garten-Metaphorik lautet: Wer im schönen Rosengarten leben will, darf sich für die Gartenarbeit nicht zu fein sein – oder muss Angestellte haben, die sich die Hände schmutzig machen. Diese Überzeugung teilen nicht nur Trump, italienische Faschisten oder ihre damaligen amerikanischen Bewunderer. Erst jüngst griff der sozialdemokratische Außenbeauftragte der Europäischen Union Josep Borrell zu ebendiesem Bild. »Ja«, sagte er, »Europa ist ein Garten. Wir haben einen Garten errichtet. Alles funktioniert.« Der »Rest der Welt« sei jedoch »nicht gerade ein Garten. Der größte

Teil des Rests der Welt ist ein Dschungel, und der Dschungel kann in den Garten einfallen.« Dies verhindere man allerdings nicht allein mit Mauern. Entweder Europa »engagiere« sich intensiver im Rest der Welt, oder »der Rest der Welt wird bei uns einmarschieren, auf die eine oder andere Art und Weise«.[4] In einer Welt, so Borrell, in der »illegale Migranten« nicht grundlos nach Europa anstatt nach Russland gingen, brauche es eben gute Gärtner.

Vordergründig gibt sich die Garten-Metapher als die freundliche Alternative zum noch düstereren Bild der »Festung Europa«. Doch sie ist ungleich dramatischer. Denn anders, als es das erwähnte Gemälde von McNaughton nahelegt, halten weder Zäune noch Mauern Unkraut zurück. Im Garten braucht es Tilgungsmaßnahmen – klare Unterscheidungen zwischen gewollten und ungewollten Pflanzen, hart zupackende Hände, scharfkantiges Werkzeug und – in sicherem Abstand zu den wertvollen Zuchtpflanzen – bei Bedarf auch gezielt eingesetzte Unkrautvernichtungsmittel. Nicht umsonst bezeichnete der Soziologe Zygmunt Bauman den modernen Staat als »Gärtnerstaat«, eine treffende, wenngleich überzogene Formulierung, weil sie den Unterschied zwischen Demokratien und Diktaturen einebnet.[5] Demokratien stehen vor der Aufgabe zu verhindern, dass der moderne Staat die Gesellschaft als einen zu ordnenden Garten behandelt. Anstatt Staat und Gesellschaft irgendwelchen »Gärtnern« auszuhändigen, braucht die offene Gesellschaft den Bruch mit der rassistischen Prämisse einer pflanzenähnlichen Unterscheidbarkeit von Menschen, Staaten oder Kulturen. Ein wichtiger Schritt in diese Richtung wäre das Eingeständnis, dass diese Prämisse tief in westlichen Gesellschaften und insbesondere der jüngeren europäischen Geschichte einschließlich ihrer kolonialen Grundlagen verankert ist.

Was Grenzregimes leisten, wo sie versagen und wie sie noch im Scheitern erfolgreich sind

Das Problem ist, dass geschlossene Grenzen nicht nur Leib und Leben von Migranten bedrohen, sondern auch die offene Gesellschaft, um deren Schutz es den Grenzschützern angeblich geht. Geschlossene Grenzen sind weder Naturzustände, die angeblich wiederhergestellt werden müssen, noch wahren sie die offene Gesellschaft. Mauern sind menschengemacht und Ausdruck eines illiberalen Kontrollanspruchs, der sich an den Grenzen manifestiert, aber nicht auf diese beschränkt ist. Den Vertretern der Abschottung geht es um die Veränderung der Gesellschaft nach dem Bild einer imaginierten Vergangenheit. Dies birgt die Gefahr, dass der Rechtsstaat korrumpiert, die Grundfreiheiten auch der Einheimischen bedroht sowie der soziale Zusammenhalt in den ummauerten Gesellschaften geschwächt wird. In den Worten von Achille Mbembe begünstigen geschlossene Grenzen einen »Wiederanstieg der akzeptablen Formen und Niveaus der Gewalt« und führen damit auch zu »tiefgreifenden Veränderungen im aktuellen Regime der kollektiven Wünsche und Gefühle«.[6]

Zu Beginn des dritten Kapitels haben wir betont, dass die gegenwärtigen Grenzregimes ein Beispiel sind für das, was man die normative Kraftlosigkeit des Faktischen nennen könnte. Normativ entfaltet das Grenzregime keine bindende Wirkung auf viele seiner Adressaten, die schlicht nicht einsehen, warum sie sich von ihm davon abbringen lassen sollten, ihr Leben durch Abwanderung zu retten oder zu verbessern. Dies gilt umso mehr, wenn Staaten jene Normen unterlaufen, die sie sich selbst verliehen haben. In der gegenwärtigen Staatenwelt oder auch nur innerhalb Europas gibt es nicht einmal mehr einen Konsens über die Gültigkeit der Genfer Flüchtlingskonvention, die vielfach verwässert, umgangen oder offen verletzt wird. Wenn aber Menschen nicht im Rahmen einer akzeptierten normativen Ordnung von der Legitimität von Maßnahmen – etwa zur Befestigung internationaler Grenzen – überzeugt sind, verlieren die mit ihnen verbundenen Regeln Bindekraft. Die Betroffenen nehmen nur noch ein strategisches Verhältnis zu ihnen ein.[7] Dann kommt es nur noch darauf an, sich nicht erwischen zu lassen. Je mehr Sicherheitsstufen in die Grenzregimes eingebaut werden, desto mehr lassen sich Menschen, die abgewehrt werden sollen, einfallen. Manchmal verliert im Vergleich zu den Kosten des Bleibens selbst der mögliche Tod auf den Migrationsrouten seinen Schrecken. Menschen in großer Not trotzen den Gefahren, und alle Drohungen der Grenzregimes verpuffen.[8]

Das heißt allerdings nicht, dass Grenzen wirkungslos sind. Grenzen sind legitime und bewährte Mittel der Ordnungspolitik, also gut dafür geeignet, die Geltungsbereiche von Steuergesetzen, Verkehrsregeln oder Bildungspolitik und ähnlichen nationalstaatlichen Belangen zu sortieren. Diese Funktion nimmt im Zuge der Internationalisierung des Rechts freilich an Bedeutung ab oder sie verlagert sich an neue Grenzen supranationaler Gemeinschaften. Hier ist das moderne Bild linearer Grenzen immer noch aktuell, also die Übereinkunft, dass entlang vereinbarter Linien metergenau Zuständigkeiten und Rechtszustände unterschieden werden können. Ziemlich ineffizient werden solche linearen Grenzen nach aller Erfahrung allerdings als Medien der transnationalen Mobilitätskontrolle von Bevölkerungen, also in dem Moment, in dem ihnen eine physische Funktion jenseits der staatlichen Verwaltungsapparate zugewiesen wird. Um die globale Mobilität zu regieren, bedarf es daher eines neuen Typs von Grenzinfrastrukturen, die weit in Räume inner- und außerhalb des eigenen nationalen Territoriums ausgreifen. Mit diesem Ausgreifen von Regulierungsansprüchen in den physischen Raum diesseits und jenseits der eigenen linearen Staatsgrenzen entstehen neue Zonen der Aushandlung von Macht zwischen Staaten und körperlichen, mobilen Subjekten, seien es potenzielle Migranten, seien es Fluchthelfer oder andere zivile Akteure vor Ort.

Eine internationale Forschungsgruppe um den kanadischen Demografen Cris Beauchemin hat auf der Basis jahrelanger statistischer Erhebungen am Beispiel ausgewählter europäischer Staaten (Belgien, Frankreich, Italien, Spanien, Niederlande und Großbritannien) versucht herauszufinden, ob und wie sich eine restriktive Migrationspolitik gegenüber bestimmten afrikanischen Staaten (Kongo, Ghana, Senegal) im Migrationsverhalten der Einwohner dieser Staaten niedergeschlagen hat.[9] Die Ergebnisse dieser exemplarischen Studie fallen gemischt aus. Offensichtlich hat die weitgehende Schließung der Grenzen nicht dazu geführt, dass migrationswillige Personen in den genannten afrikanischen Ländern ihre Auswanderungspläne aufgegeben hätten. Phasenweise haben sogar noch mehr Menschen als zu anderen Zeiten konkrete Schritte unternommen, um auszuwandern. Solche Schritte können darin bestehen, Geld zu sparen, Pässe zu beantragen oder zu verlängern, transnationale soziale Netzwerke zu pflegen oder sich um Unterkünfte entlang der Migrationsrouten zu kümmern. Zugleich hat sich herausgestellt, dass viele Menschen ihre Absichten nicht verwirklichen konnten, weil die Kosten und Risiken zu hoch waren. Andere haben versucht, sich »irregulär« nach Europa durchzuschlagen. Insgesamt kommen die Forscher zu dem Ergebnis, dass die tatsächlichen Wanderungsbewegungen durch restriktive Grenzregimes wohl etwas eingedämmt wurden, allerdings bei Weitem nicht derart effektiv und vor allem nicht so nachhaltig, wie sich dies die europäischen Regierungen erhofft hatten und wie es die Sprache der Grenzschützer suggeriert. Vor allem hat sich nichts geändert am grundsätzlichen Wunsch vieler, in Richtung Europa oder in andere wohlhabende Regionen auszuwandern in der Hoffnung auf Arbeit oder bessere Bildungschancen. Die Schließung der Grenzen hat dann in erster Linie den Effekt, dass all diejenigen, die trotzdem in Europa angekommen sind, nicht wieder zurückkehren. Warum? Aus Angst, die verbotene und oft lebensgefährliche Reise in Richtung Norden noch einmal antreten zu müssen.[10]

Die Einführung zunehmend restriktiver Migrationskontrollen hat nach dieser und anderen Untersuchungen zahlreiche Wirkungen, von denen viele nicht den Absichten derer entsprechen, die für geschlossene Grenzen verantwortlich sind. Allerdings dürfen wir nicht den Fehler begehen, dem Staat und seinem Personal eine Rationalität zuzusprechen, die ihnen nicht zukommt. Der biopolitische Staat der Gegenwart, der das Ideal des Friedens durch das der Sicherheit ersetzt, indem er Menschen klassifiziert, sortiert und verteilt, beruht auf dem, was Mbembe eine »Illusion« oder einen »Fiktionsüberschuss« nennt.[11] In der Politik und in Teilen der Forschung dominiert die Vorstellung, dass man Migration durch Grenzregimes so steuern könne wie Energiekreisläufe oder die Suche nach Parkplätzen in Großstädten. Das ist eine Illusion. Man könnte auch von einer konstitutiven Fantasie des Staats sprechen – einer Fantasie ohne Kreativität, wie sie Sigmund Freud in seinen frühen Schriften beschrieben hat. Fantasieren, so Freud, muss keine kreative Tätigkeit sein, sondern kann sich auch in regressiver Wunschbefriedigung oder narzisstischen Allmachtsvorstellungen erschöpfen.

Diese Art von Fantasie ist längst an der Macht, weil moderne Staaten ebenso wenig wie viele Einzelne der Versuchung widerstehen können, einer schmerzhaften und frustrierenden Realität zu entfliehen, indem sie »Luftschlösser« bauen.[12] So tritt das Luftschloss der »sicheren Außengrenzen« zunehmend an die Stelle der Vision eines weltoffenen Europas. Auf die sicheren Außengrenzen trifft der Satz Freuds zu, dass es sich bei ihnen um eine politische Fantasie handelt, »eine Korrektur der unbefriedigenden Wirklichkeit«.[13] Wer sich dieser Fantasie hingibt, betrachtet die Außengrenzen immer noch gerne als eine Art Immunschutz Europas, so als wären die europäischen Grenzen die eines gesunden, aber von Krankheit bedrohten Körpers.

Der vermeintliche Realismus der Verteidiger einer restriktiven Migrationspolitik ist Ausdruck einer Ideologie, die unterstellt, dass ein Staat mit totaler Kontrolle über grenzüberschreitende Mobilität wünschenswert sei und dem Wohl aller diene. Die Rede von der »Sicherheit« der Außengrenzen ist ideologisch, weil sie verschleiert, dass der Zweck dieser Grenzen darin besteht, die Bewegung der Ausgeschlossenen so schwierig und unsicher wie möglich zu machen. Die Welt der sicheren Außengrenzen ist so geartet, dass Personen auf der einen Seite dieser Grenzen in Sicherheit leben, aber Tag für Tag zu hören bekommen, dass sie bedroht werden von denen auf der anderen Seite. Dort wiederum geraten diejenigen, die ohnehin bereits in realer Unsicherheit leben, durch die Maßnahmen zur Verbesserung der »Sicherheit« der Grenzen in noch größere Gefahr. Und zwar, ohne dass dadurch das politisch erzeugte Gefährdungsgefühl der in Sicherheit Lebenden abnehmen würde.

Vordergründig könnte man sagen: Der Staat verfehlt sein Ziel, Migration wirksam zu kontrollieren oder zu steuern. All die Mauern und Grenzbefestigungen entpuppen sich oft als unnütz. Das ist durchaus zutreffend, krankt aber daran, dass eine solche Erklärung des Scheiterns die Absichtserklärungen von Politikern oder Pressesprechern für bare Münze nimmt und die Funktion gewaltsamer Grenzregimes allein in der effektiven Migrationsabwehr sieht. Gewiss: Die Grenzregimes scheitern an ihrer Aufgabe, aber sie scheitern auf eine sehr erfolgreiche Weise. Auch die Weltbank scheitert daran, die Armut auf der Welt effektiv zu bekämpfen; Gefängnisse scheitern daran, Menschen von Verbrechen abzuhalten oder Gefangene zu resozialisieren. Für viele moderne Institutionen und Projekte ist Scheitern die Norm. Umso wichtiger ist es, nicht bei dieser Diagnose stehen zu bleiben, sondern die Konsequenzen dieses Scheiterns genauer zu betrachten. Oft ist nämlich zu beobachten, dass im Prozess des Scheiterns wichtige strategische Ziele gleichsam »hinter dem Rücken« der scheiternden Akteure realisiert werden.[14]

Während sie ihre offizielle Funktion der effektiven Migrationsabwehr nur unzureichend erfüllen, verändern robuste Grenzregimes das Kraftfeld der Migrationspolitik auf andere, oft vernachlässigte Weise. Wie wir im dritten Kapitel gezeigt haben, werden den Agenturen des Grenzschutzes immer höhere Budgets und immer umfassendere Vollmachten zugebilligt, unabhängig vom Erfolg ihrer Operationen oder auch nur davon, dass sie sich an Recht und Gesetz halten. Von den Grenzen ausgehend, werden sie zu einflussreichen, aber kaum regulierten Akteuren an den immer weiter ausfransenden Rändern von Demokratie und Rechtsstaatlichkeit.

Ein anderer zentraler und für spezifische Interessen

höchst nützlicher Effekt des relativen Scheiterns der Grenzregimes liegt darin, dass dieses Scheitern so in Szene gesetzt werden kann, dass die Einheimischen hinter den Mauern gebannt auf das Drama eines Grenzkonflikts starren. Fortwährend wird der Eindruck hervorgerufen, als herrsche Chaos an den Grenzen. Ob auf dem Balkan oder an der mexikanisch-amerikanischen Grenze: Immer wieder wird die Ankunft von Gruppen als Beginn eines kompletten Kontrollverlusts dargestellt. Dabei wird dieses Chaos teilweise sorgfältig inszeniert. An der Grenze zwischen Mexiko und Texas, zum Beispiel in der Stadt Del Rio am Rio Grande, sind Fälle bekannt geworden, die zeigen, dass die Grenzschutzpolizei, in enger Absprache mit Sendern wie Fox News und der texanischen Regierung, gegen den angeblichen Ansturm von Migranten gelegentlich schwer bewaffnetes Personal zu Fuß und auf Pferden aufmarschieren ließ, unterstützt von Hubschraubern und Panzerwagen. Sogar künstlicher Rauch, der aussieht wie Tränengas oder Schlimmeres, kam dabei zum Einsatz, um den Eindruck zu verstärken, es handele sich um echte Kämpfe. Und all das, wie geleakte E-Mails von Grenzschutzbeamten enthüllen, nur »für die Kameras«.[15]

Mauern und andere Grenzanlagen verankern die Grenze im Inneren des Landes und in den Köpfen der Einheimischen als Kulisse für das Theater der Migrationsabwehr. An der Grenze wird die Verteidigung von Staat und Gesellschaft so aufgeführt, dass das Theater um die Grenze herum die Aufmerksamkeitsökonomie der Medien und Zuschauer bestimmt. Die langfristigen Folgen der sowohl praktizierten als auch inszenierten Migrationsabwehr geraten dabei völlig aus dem Blick. Eine Folge besteht darin, dass rassistische Ideologen und Politiker ihre Anhängerschaft mobilisieren und gemeinsam hoffen, dass ihre Stimmen immer lauter werden und immer normaler erscheinen. Statt um effektive Migrationspolitik geht es ihnen darum, den Willen zu festigen, die Gesellschaft zu schließen, zum einen durch die Stigmatisierung der Gegenstimmen in Politik, Zivilgesellschaft und Wirtschaft, zum anderen durch die immer intensivere Kontrolle und Einschüchterung der nicht-*weißen* oder migrantischen Bevölkerung im Innern.

Das, was der US-amerikanische Anthropologe Nicholas De Genova das »Spektakel« der Migrationsabwehr genannt hat, kann noch eine andere Folge haben.[16] So kann unter ihren Anhängern die lautstarke Forderung nach immer neuen Mauern dazu führen, dass einige von ihnen endlich Ernst machen und zur Tat schreiten, um die »Sicherheit« und »Größe« des eigenen Landes endlich zu gewährleisten. Die Bereitschaft zu Anschlägen auf solche Bürger, die als nicht einheimisch identifiziert werden, war in der jüngeren Vergangenheit oft die Konsequenz dieser Radikalisierung. In dieser Mischung aus offiziellen Restriktionen, der diskursiven Normalisierung von Rassismus und letztlich offener Gewalt wird das Scheitern der Migrationskontrolle in einen Erfolg für diejenigen umgemünzt, denen es letztlich nur um eines geht: die Verteidigung der *weißen* Vorherrschaft.

Die Grenzen demokratisieren

Die modernen westlichen Staaten scheitern an der selbstgestellten Aufgabe, die Grenzen für alle unerwünschten Migranten dicht zu machen, Schleusern das Handwerk zu legen oder gar die Fluchtursachen zu bekämpfen. Anstatt sich dieser Realität zu stellen, flüchten sie sich in die Fantasie geschlossener Grenzen und korrumpieren bei dem Versuch, diese Fantasie zu verwirklichen, die eigene Gesellschaft und ihre Institutionen. Das Schweigen über die versteckten Folgen und Kosten einer ideenlosen Grenzpolitik steht in einem eigentümlichen Kontrast zur lautstarken Forderung nach Grenzschließungen und immer schärferen Kontrollen. Diese Forderung wird quer durch das politische Spektrum erhoben, aber es lassen sich grob zwei Richtungen unterscheiden.

Die Vertreter der ersten Richtung fordern geschlossene Grenzen, weil sie großenteils eine offen rassistische Agenda verfolgen und zugleich die Politik der Grenze als Hebel nutzen, um Staat und Gesellschaft insgesamt umzukrempeln. Geschlossene Grenzen sollen in das Projekt einer nur noch dem Anschein nach liberalen, in Wirklichkeit aber geschlossenen Gesellschaft münden. Die zweite Richtung befürwortet ebenfalls geschlossene Grenzen, aber nur, weil ihre Vertreter glauben, dass die radikale Rechte andernfalls immer stärker würde. Oft verharmlosen sie dabei die Gegner der Demokratie als das Sprachrohr »besorgter Bürger«. Für die xenophoben Abschottungsprediger sind Mauern an der Grenze ein zentrales politisches Ziel und ein positiv besetztes Symbol; für die liberalen Mauerbauer sind Mauern ebenfalls ein notwendiges Schutzinstrument gegen unerwünschte Migrationsbewegungen, aber auch ein Zugeständnis, das den Radikalen gemacht werden muss, damit diese nicht immer stärker werden.[17]

Häufig wird die Forderung nach Mauern gar nicht als Zugeständnis an Radikale erkannt, sondern als Tribut an angeblich unausweichliche Realitäten dargestellt. In der oft gehörten Aussage »Wir können ja nicht alle aufnehmen« verbindet sich der Appell an den gesunden Menschenverstand mit einer Geste des Bedauerns, so dass die merkwürdig inhaltsleere und ideenlose Fantasie geschlossener Grenzen als rational und alternativlos erscheint. Der Satz, dass »wir« nicht »alle« aufnehmen können, ist aber ebenso banal wie irreführend, und dies gleich aus mehreren Gründen. Der Satz führt in die Irre, weil er ein homogenes und zeitloses »wir« voraussetzt, das es nicht gibt; weil er »wir« und »alle« als Gegensätze behandelt; weil er unterstellt, dass »alle« zu uns wollen, und weil es gar nicht um ein gnädiges »Aufnehmen« geht, sondern darum, Außenseitern den Zugang zu Arbeitsmärkten, Ausbildungsplätzen oder die Familienzusammenführung zu verwehren. So unterschiedlich die Motive und Selbstverständnisse von Radikalen und Gemäßigten in der Migrationsfrage auch sind, so sehr führen sie beide die Gesellschaft auf den Holzweg. Jeweils auf ihre Weise sind beide Strömungen in dasselbe Projekt der Abschottung verstrickt, an dessen Ende die liberale Demokratie sowie auch die europäische Friedensidee als Verliererin dastehen.

An diese aufklärerische Idee eines Friedens, der mehr bedeutet als nur die Abwesenheit von Krieg, hatte zuletzt der damalige EU-Kommissionspräsident José Manuel Barroso erinnert, als er 2012 den Friedensnobelpreis für die Europäische Union entgegennahm: »Die Europäische Union steht nicht nur für den Frieden zwischen den Nationen.« Als ein »mächtiges Vorbild für die ganze Welt« verkörpere sie vielmehr, betonte Barroso mit Verweis auf Spinoza, den Frieden als »Tugend« und »Geisteshaltung« (*state of mind*).[18]

Angesichts ihres Alltagsgeschäfts dürfte den meisten Innenministern und Grenzschutztruppen in Europa diese Idee des Friedens, an die Barroso wenigstens noch einmal erinnerte, denkbar fremd sein und nicht einmal als Ideal dienen. Wenn man die Friedensidee ernst nimmt, bestünde ein Ausweg aus der heutigen Situation vielleicht darin, sich aus der tagespolitischen Fixierung auf angebliche Ausnahmezustände und Krisen an einzelnen Grenzen zu lösen und neu über die Grundlagen einer demokratischen Grenzpolitik nachzudenken. Dazu muss man nicht bei null anfangen, weil andere längst mit dem Nachdenken angefangen haben. Der französische Philosoph Étienne Balibar forderte schon vor zwanzig Jahren eine »Demokratisierung der Grenzen«, die er ausdrücklich nicht verwechselt sehen wollte mit ihrer völligen Abschaffung.[19] Balibar äußert sich allerdings nur beiläufig zu den Außengrenzen Europas. Die Regeln für Grenzkontrollen und Grenzübertritte sollen zwischen allen Betroffenen ausgehandelt anstatt einseitig über andere verhängt werden wie eine Strafe. Gänzlich abschaffen will er nur die unsichtbare Grenze zwischen den häufig nicht-*weißen* Nichteuropäern in Europa und der alteingesessenen europäischen Bevölkerung. Diese nach innen ausgreifende Grenze, die eine Ungleichverteilung von Rechten und Freiheiten zementiert, möchte Balibar zugunsten einer egalitären europäischen Bürgerschaft verschwinden sehen.[20]

Ähnliche Vorstellungen entstehen in vielen grenznahen Gemeinden überall auf der ganzen Welt. So fordern in den USA zahlreiche Gruppen zwischen Kalifornien und Texas, die Südgrenze der Vereinigten Staaten von einem Ort der Gewalt und der Demütigung in einen Ort der Begegnung und der Hoffnung zu verwandeln. Die Verbrechen an der Grenze sollen aufgeklärt und bestraft werden. Wären die Grenzen offener und die Grenzpolizei dem demokratischen Gesetzgeber und allen Bürgern gegenüber rechenschaftspflichtig, würden die Menschen, die sie täglich zu Abertausenden überschreiten – Pendler, Besucher, Geschäftsleute, Arbeitsmigranten –, »die Bande mit unseren globalen Nachbarn« stärken.[21] Stattdessen werden diese Bande durch fabrizierte Ängste und eine repressive Politik belastet und beschädigt.

Wie ist die Idee einer globalen Nachbarschaft umzusetzen und welche konkreten Ansatzpunkte für Reformen der Institution Grenze gibt es? Wer schon diese Fragen für zu kühn hält, sei daran erinnert, dass das derzeitige Projekt der Abschottung nicht weniger auf globale Kooperation setzt als die Versuche zur Demokratisierung der Grenzen. Für den Versuch einer solchen Demokratisierung spricht, dass das Projekt der Abschottung nicht nur kostspielig, sondern auch ineffizient, nicht nachhaltig, ungerecht, teilweise illegal und außerdem gefährlich ist für die Zukunft von Rechtsstaat und Demokratie. Alle Gegenvorschläge gegen den ideenlosen Status quo beginnen damit, Migranten und migrationswilligen Personen eine Stimme gegenüber den Gesellschaften zu geben, in die sie einwandern möchten. Neben Vertretern des Staats sollten auch die verschiedenen gesellschaftlichen Gruppen in den Zielregionen der Migration eine solche Stimme bekommen: die Gemeinden, die Schulen, die Arbeitgeber, die Menschenrechtsorganisationen und auch die vielen Bedenkenträger in der Gesellschaft, für die jeder weitere Migrant einer zu viel wäre. Dies könnte sich in Foren manifestieren, in denen es um die konkrete Ausgestaltung geteilter Grenzen geht. Das bedeutet aber auch, dass solche Konsultationen institutionalisiert werden müssen, so dass sich neue und einflussreiche Foren der Grenzgestaltung unter jenen etablieren, die Grenzen als Teil einer werdenden Gesellschaft gestalten wollen. Solche regelmäßigen Konsultationen wären ein wichtiger Ansatzpunkt, um das enorme Konfliktpotenzial der Grenzproblematik zu entschärfen.[22] Insbesondere würde so anerkannt, dass die Grenzgestaltung nicht nur eine staatliche Hoheitsaufgabe, sondern auch eine gesellschaftliche Aufgabe ist.

Vor allem aber muss das Programm der Schließung der

Grenzen an den betroffenen Gesellschaften scheitern. Es bedarf ebenso des anhaltenden Widerspruchs gegen die Ideenlosigkeit der Abschottung, wie wir anfangen müssen, ernsthaft Konzepte für eine andere Grenzpolitik zu diskutieren. Seit es nationalstaatliche Grenzen gibt und das »Problem« der Migration erfunden wurde, gibt es Widerstand gegen Einwanderung und mächtige Fantasien eines eingehegten nationalen Lebens hinter Mauern. Aber solange es gleichzeitig eine Erinnerung an das Versprechen der Menschenrechte gibt, werden Flüchtlinge in demokratischen Gesellschaften willkommen sein. Solange es in prosperierenden Regionen einen nicht gedeckten Bedarf an Arbeitskräften gibt, werden sich Menschen auf den Weg machen, um einen Job oder einen Ausbildungsplatz zu finden, und ebenfalls willkommen geheißen.[23] So sind auch viele hinter den Mauern für deren Abriss, weil sie ahnen, dass die Abschottung nach außen die eigenen Rechte und Freiheiten bedroht. Viele Gegner der Abschottung besitzen bereits jene Stimme, die wir für alle Betroffenen moderner Grenzen einfordern.

Ein berühmter Satz aus einem Gedicht des US-amerikanischen Dichters Robert Frost lautet, dass es »gute Zäune« sind, die »gute Nachbarn« machen.[24] Leider wird der Satz oft missverstanden als ein Plädoyer *für* Zäune, Mauern und geschlossene Grenzen – oder aber als eine pauschale *Ablehnung* der Grenzen. Man kann ihn jedoch auch so deuten, dass Frost ein Beurteilungskriterium entwickelt, das es uns erlaubt zu entscheiden, ob ein Grenzzaun gut ist oder nicht. Gute Zäune wären demnach solche, die für gute nachbarschaftliche Beziehungen sorgen. Und nur durchlässige Zäune mit Türen und Toren, die niemanden verletzen, die nicht nur von einer Seite aus kontrolliert werden und außerdem einem erkennbaren und sinnvollen Ziel dienen, schaffen gute Beziehungen. »Ich würd mich fragen, eh ich Mauern zög: / Was zäun ich damit ein, was zäun ich aus, / Und wen mein Zäunen leicht verletzen möcht.«[25]

Anmerkungen

Einleitung

1 Vgl. Cowles, »Refugees Trapped at Poland-Belarus Border«.
2 Göring-Eckardt, Tweet vom 2. November 2022; online verfügbar unter: {https://twitter.com/goeringeckardt/status/158782554952692 5314} (alle Internetquellen Stand Februar 2023).
3 ARD, *Tagesthemen*, 15. November 2021; »Kretschmer gegen Aufnahme von Migranten aus Belarus«, *MDR aktuell*, 14. November 2021. Die Frage nach Wirkung von »unpopulären Bildern« auf die Bevölkerung dominierte auch bereits interne Diskussionen in deutschen Regierungskreisen während der Flüchtlingsbewegung im Jahr 2015. Vgl. Alexander, *Die Getriebenen*, S. 25.
4 Vgl. Morus, *Utopia*, S. 123, 125.
5 Siehe das gleichnamige Kapitel in Miller, *Fremde in unserer Mitte*, Kap. 4.
6 Vgl. Bergson, *Die beiden Quellen der Moral und der Religion*, S. 281.
7 Vgl. Thust, »Augenzeugen berichten über Diskriminierung von Schwarzen an der ukrainischen Grenze«; Sammann, »Unmut über ungleiche Behandlung von Kriegsflüchtlingen«.
8 So die bayerische Landtagsabgeordnete und Integrationsbeauftragte der Staatsregierung Gudrun Brendel-Fischer, zit. in Auer, »Die integrative Wirkung der CSU«.
9 Mit der Schreibweise »Schwarz/*weiß*« folgen wir dem »Glossar für diskriminierungssensible Sprache« von Amnesty International; online verfügbar unter: {https://www.amnesty.de/2017/3/1/glossar-fuer-diskriminierungssensible-sprache}.
10 Zit. in Schälter, »Mit ›echten‹ gegen ›unechte‹ Flüchtlinge«.
11 Diese doppelte Bedeutung des älteren Begriffs der Korruption (*corruzione*) geht zurück auf Machiavelli, *Discorsi*, I, 18, S. 65-70.
12 Douglass, *Narrative of the Life of Frederick Douglass*, S. 32.
13 Vgl. etwa die Präambel der Charta der Grundrechte der Europäischen Union.
14 Norwegian Nobel Committee, »The Nobel Peace Prize for 2012«.
15 Bassot, »The Six Policy Priorities of the von der Leyen Commission«, S. 5.

16 Vgl. Garelli und Tazzioli, »The Biopolitical Warfare on Migrants«.
17 Madison, »Political Observations, 20 April 1795«.
18 Für die Sozialwissenschaften sind hier besonders die Arbeiten von Stephen Castles zu nennen, etwa Castles, »Understanding Global Migration«.
19 Vgl. Brown, *Mauern*, Kap. 3 und 4.
20 Vgl. Mau, *Sortiermaschinen*.
21 Weber, »Der Sinn der ›Wertfreiheit‹ der soziologischen und ökonomischen Wissenschaften«, S. 505.

1
Europa
Einwanderungskontinent mit Rassismusproblem

1 Zit. in AFP, »›L'Europe ou la mort‹«.
2 Zit. in Europäische Kommission, »Kommission und französischer Vorsitz im Rat der Europäischen Union bekräftigen ambitionierte Hilfspolitik der EU«.
3 Vgl. Birk, »So viele unbesetzte Ausbildungsplätze wie nie«.
4 Zit. in Dribbusch und Fischer, »Personalmangel in Deutschland«.
5 »Interview mit Franco Frattini: ›Wir sind heute ein Einwanderungskontinent‹« (*Frankfurter Allgemeine Zeitung* vom 6. Dezember 2007).
6 Vgl. UK Office for National Statistics, »Long-term International Migration«.
7 Aufschlussreich sind z. B. Wahlkampfreden wie diese: Merz, »Rede beim 57. JU NRW-Tag in Olpe«.
8 Kasparek, *Europa als Grenze*, S. 96.
9 Ebd., S. 277-333.
10 Vgl. Gall, »Polish Activists Arrested for Saving Lives«.
11 Vgl. Schmalz, »Enlarging the Hole in the Fence of Migrants' Rights«.
12 Robert Miles hat bereits vor langer Zeit festgestellt, dass Rassismustheorien, die sich allein auf die koloniale Herrschaft von »*Weißen*« über »Schwarze« beziehen, »für die Erklärung anderer (nicht-kolonialer) Zusammenhänge einen höchst geringen Wert besitzen« (Miles, *Rassismus*, S. 91).
13 Darauf, dass keine Person beweisen könne, dass sie *weiß* sei, verwies bereits James Baldwin, »On Language, Race, and the Black Writer«, S. 115.

14 Gosewinkel, *Einbürgern und Ausschließen*, S. 356.

15 Vgl. die Nachweise in Orlowski, »*Polnische Wirtschaft*«, S. 420f.

16 Weber, »Die ländliche Arbeitsverfassung«, S. 183. Ebenso sei an das teils abfällige oder paternalistische, teils idealisierende Bild erinnert, das deutsche Juden im Kaiserreich und in der Weimarer Republik gegenüber osteuropäischen Juden entwickelten. Vgl. Aschheim, *Brothers and Strangers*.

17 Salomon, *Die Geächteten*, S. 173. Englisch im Original.

18 So bereits Mauss, *Die Nation*, S. 99.

19 Das gilt auch für andere Gesellschaften. Brasilien etwa hat den US-amerikanischen Schwarz/*weiß*-Gegensatz durch die Vorstellung eines »Kontinuums« zwischen Schwarz und *weiß* ersetzt, jedoch ohne sich dadurch von jeglichem Rassismus zu befreien. Vgl. Corossacz, »Razzismo e bianchezza in Brasile«, S. 42.

20 Goldberg, »Racial Europeanization«, S. 362.

21 Sehr deutlich hierzu aus juristischer Sicht: Achiume, »Racial Borders«.

22 Vgl. Roediger, *Working Toward Whiteness*, S. 144, 137.

23 Vgl. Fox und Mogilnicka, »Pathological Integration, or, how East Europeans Use Racism to Become British«. Zu Deutschland: Ataman, »Migranten, die gegen Migranten hetzen«.

24 Operationen zur Verkleinerung der Nase wurden zuerst um die Jahrhundertwende in Deutschland und Österreich populär, bevor sie vor allem ab den zwanziger Jahren in den USA zunahmen. Vgl. Gilman, *The Jew's Body*, Kap. 7.

25 Aufschlussreich hierzu: Brinkmann, *Migration und Transnationalität*; Panagiotidis und Petersen, »Rassismus gegen Weiße?« Zur Kontinuität des Rassismus westeuropäischer *Weißer* gegen osteuropäische *Weiße* siehe auch Kalmar, *White But Not Quite*.

26 Vgl. Volkov, *Antisemitismus als kultureller Code*.

27 Die Zitate sind aus einem Redebeitrag des Abgeordneten Dregger (CDU/CSU), in: Deutscher Bundestag, 83. Sitzung, 4. Februar 1982, S. 4892-4894. Die CSU hält bis heute die »Nähe des Kulturkreises« für ein sinnvolles Kriterium bei der Auswahl von potenziellen Einwanderern. Vgl. CSU, »Die Ordnung«, S. 14.

28 Grundlegend hierzu: FitzGerald und Cook-Martin, *Culling the Masses*, Kap. 3. Zur Kontinuität rassistischer Migrationspolitik in den USA siehe z.B. Kamasaki, »US Immigration Policy«.

29 Haslanger, »Eine sozialkonstruktivistische Analyse von *race*«, S. 125.

30 Vgl. Grandin, *The End of the Myth*, S. 88-99; Hoy, *A Line of Blood and Dirt*, S. 142-165.
31 Franklin, *Observations Concerning the Increase of Mankind*, § 24.
32 Vgl. Ngai, *Impossible Subjects*, S. 28f.
33 So der jüdisch-amerikanische Publizist Reuben Fink bereits in Bezug auf die erste Quotengesetzgebung von 1921, die sich noch auf das Zensusjahr 1910 bezog, und die sich abzeichnende Verschärfung von 1924. Vgl. Fink, »Visas, Immigration, and Official Anti-Semitism«.
34 Zit. in Shain, *The Roots of Antisemitism in South Africa*, S. 27.
35 FitzGerald und Cook-Martin, *Culling the Masses*, S. 116.
36 Monnet, *Erinnerungen eines Europäers*, S. 56.
37 Baldwin, »James Baldwin Speech, January 15, 1979«.
38 Vgl. Hansen und Jonsson, *Eurafrica*, S. 226-234. Letztendlich konnte Frankreich seinen Anspruch zumindest teilweise behaupten und setzte eine, gesonderten Regeln unterworfene, Mobilitätsfreiheit für Algerier durch. An der Haltung führender, auch französischer Politiker, die muslimische Algerier nicht als Europäer sahen, änderte das allerdings nichts. Vgl. Brown, *The Seventh Member State*, S. 6.
39 Zur Geschichte der Algerier in der Bundesrepublik vgl. Hardt, »Flüchtlinge, Terroristen, Freiheitskämpfer?«.
40 Zur Bedeutung dieser restriktiven Politik für das Asylrecht in der Bundesrepublik siehe Poutrus, *Umkämpftes Asyl*, S. 50f.
41 Mehr zu dieser Kontinuitätsthese in Mbembe, *Politik der Feindschaft*, Kap. 2.
42 Siehe hierzu die Daten in: Beauchemin et al., »Three Sub-Saharan Migration Systems in Times of Policy Restriction«, S. 4-6.
43 Siebold, *ZwischenGrenzen*, S. 57f.
44 Vgl. El Qadim, »The Symbolic Meaning of International Mobility«.
45 El-Mafaalani, *Wozu Rassismus?*, S. 72.
46 Zur Rolle territorialer Zugangschancen in der Ungleichheitsforschung vgl. Weiß, *Soziologie Globaler Ungleichheiten*, Kap. 8.
47 Vgl. Kasparek, *Europa als Grenze*, S. 116-118.
48 Walters, »Mapping Schengenland«, S. 576.
49 Siehe etwa die Demokratiematrix der Universität Würzburg; online verfügbar unter: {https://www.democracymatrix.com/ranking}.
50 So die Formulierung eines Korrespondenten des amerikanischen Fernsehsenders CBS in Kiew; zit. in Gathara, »Covering Ukraine«.
51 Es gibt in Israel und innerhalb des Zionismus bis heute tiefe Mei-

nungsverschiedenheiten darüber, ob Israel ein »europäisches« Land sei oder sich geokulturell eher Asien zurechnen sollte. Aufschlussreich hierzu am Beispiel des internationalen Fußballs Mahla, »›To the East‹?«

52 Exemplarisch für diese Position der ehemalige deutsche Außenminister Fischer, »Die Unabhängigkeit Kataloniens wäre ein Desaster für die EU«.

53 So auch bereits während des Zweiten Weltkriegs Boggs, *International Boundaries*, S. 200-202.

54 Wir paraphrasieren hier eine Stelle in Mauss, *Die Nation*, S. 114. Der französische Anthropologe formulierte bereits nach dem Ersten Weltkrieg einen Grundgedanken der Gründer der Europäischen Gemeinschaft.

55 Kasparek, *Europa als Grenze*, S. 93.

56 »Jeder *europäische* Staat [...] kann beantragen, Mitglied der Union zu werden«, heißt es in Art. 49 des EU-Vertrags, wobei die Entscheidung darüber, welches Land als »europäisch« zu gelten hat, bewusst offengehalten wird. Zypern wurde z.B. als ein europäisches Land klassifiziert und 2004 in die EU aufgenommen, obwohl es geografisch häufig zu Kleinasien gezählt wird. Nicht nur für die Türkei, sondern auch für Russland wäre die EU demnach im Prinzip offen.

2
Versprechen und Verbrechen
Europäischer Frieden und »crimes of peace«

1 Zit. in Ghervas, *Conquering Peace*, S. 250.

2 Van Rompuy und Barroso, »From War to Peace«.

3 Vgl. Damilaville, »Paix«. Ein solcher Frieden ist identisch mit der »politischen Freiheit«, wie sie Montesquieu definiert, nämlich als *tranquillité d'esprit*. Vgl. Montesquieu, *Vom Geist der Gesetze*, XI, Kap. 6, S. 216.

4 Derrida, *Das andere Kap*, S. 10.

5 Ebd., S. 56.

6 Zum Unterschied zwischen einer erfolgreichen internen und einer weitgehend gescheiterten externen europäischen Friedenspolitik siehe Patel, *Projekt Europa*, Kap. 2.

7 Fukuyama, *Das Ende der Geschichte*, S. 355.

8 So pointiert Ghervas, *Conquering Peace*, S. 364f. Vorläufer der polizeilichen Umdeutung von Frieden in Sicherheit sieht Ghervas in der Zeit Metternichs. Vgl. ebd., S. 125.

9 Ganz zu Recht schreibt Bernd Kasparek, *Europa als Grenze*, S. 65, »dass die Frage der Grenzen – sowie ihrer Abschaffung – das europäische Projekt von Beginn an begleitete«. Aber er vernachlässigt die Vielfalt der Funktionen von Grenzen sowie die Vielfalt der möglichen Konflikte um Grenzen (vgl. den Abschnitt »Drei Typen von Grenzkonflikten« im ersten Kapitel).

10 Hess und Schmidt-Sembdner, »Perspektiven der ethnographischen Grenzregimeforschung«.

11 »Erklärung von Meseberg«.

12 EU-Innenkommissarin Johansson, »Push-Back-Vorwürfe gegen Frontex müssen aufgeklärt werden«.

13 In Europa werden seit 2002 Übergriffe gegen Migranten an den Grenzen oder in Aufnahmelagern zunehmend sowohl als Menschenrechtsverletzungen, für die Staaten verantwortlich sind, wie auch als individuelle Straftaten bewertet, die jedoch in den meisten Fällen nicht strafrechtlich verfolgt werden. Vgl. Mann, »Border Violence as Crime«, S. 695-705.

14 Dovi, »Guilt and the Problem of Dirty Hands«, S. 129, unsere Hervorhebung. Dovis Kritik richtet sich gegen Walzer, »Political Action«.

15 Elster, *Alexis de Tocqueville*, Kap. 1.

16 Albahari, *Crimes of Peace*, S. 22.

17 Popitz, *Phänomene der Macht*, S. 24.

18 Vgl. Green, »US Border Agents Are Removing Haitian Migrants Using Horses and Whips«; Govedarica und Beer, »Maskierte prügeln Migranten aus der EU«.

19 Vgl. Popitz, *Phänomene der Macht*, S. 47.

20 Zur politischen Rhetorik von Europa als Körper vgl. Leonhardt, *Körpermetaphorik im europapolitischen Diskurs*.

21 Popitz, *Phänomene der Macht*, S. 24.

22 Zit. in Miller, *Build Bridges, not Walls*, S. 78.

23 So der Ausdruck von Vaugham-Williams, *Europe's Border Crisis*, Kap. 5.

24 Ratzel, *Politische Geographie*, S. 29.

25 Ebd., S. 509.

26 So auch die These von Albahari, *Crimes of Peace*, S. 69f.

27 Steffen Mau erwähnt zwar die »vielfältigen Abwehrmaßnahmen gegenüber Flüchtlingen und irregulärer Migration«, umgeht aber die

notwendige Diskussion über die zunehmende Gewalt an den Grenzen. Vgl. Mau, *Sortiermaschinen*, S. 47.

28 Erinnert sei hier exemplarisch daran, dass bereits der Terror der Französischen Revolution auf die Reduktion des politischen Gegners auf »giftige Insekten«, »Schädlinge« oder »Krankheiten« aufbaute, denen die Nation ausgeliefert sei. Vgl. Schechter, *A Genealogy of Terror in Eighteenth-Century France*, S. 174-177.

29 Man denke an das Massaker mit mindestens 23 Toten und 77 Vermissten am Grenzzaun zwischen Marokko und der spanischen Exklave Melilla am 24. Juni 2022. Hierzu erhellend Lighthouse Report, »Reconstructing the Melilla Massacre«.

30 So ausdrücklich Samaddar, *The Postcolonial Age of Migration*, S. 5. Samaddars Kritik richtet sich gegen die Vernachlässigung des Themas der Grenzen bei Castles et al., *The Age of Migration*.

31 Vgl. Davis und Shear, *Border Wars*, S. 329ff. (»Use of Force«).

32 Vgl. Sea-Watch, »So-called Libyan Coast Guard Firing Shots at Migrant Boat in Distress«.

33 Untersuchungen der Recherche-Gruppe Forensic Architecture haben gezeigt, dass Muhammad al-Arab und Muhammad Gulzar im März 2020 in der Nähe des griechischen-türkischen Flusses Evros durch Kugeln aus automatischen Waffen getötet wurden, die sich eindeutig der griechischen Armee zurechnen lassen. Vgl. Forensic Architecture, »The Killing of Muhammad al-Arab« und »The Killing of Muhammad Gulzar«.

34 Clausewitz, *Vom Kriege*, S. 594.

35 Neben Wüsten und Meeren oder Meerengen sind auch Wälder multifunktionale Landschaften. Ein gutes Beispiel sind die Wälder an der Grenze zwischen Kroatien und Bosnien. Sie sind Schauplätze der Gewalt und des Leids, aber auch Schutzräume für Migranten und »grüne Tunnel«, durch die sie unentdeckt ihr Ziel erreichen können. Vgl. Hameršak und Pleše, »Forest, Forest, Forest«.

36 Dies betonte bereits Toynbee, *Der Gang der Weltgeschichte*, Band 1.1, S. 260f. Für das Mittelmeer vgl. Braudel, *Das Mittelmeer und die mediterrane Welt in der Epoche Philipps II*.

37 Stand: Dezember 2022. Vgl. die Zahlen und Angaben zur Methodologie des Missing Migrants Project; online verfügbar unter: {https://missingmigrants.iom.int/}.

38 Siehe hierzu die Daten der spanisch-marokkanischen Organisation Caminando Fronteras; online verfügbar unter: {https://caminandofronteras.org/victimas-y-victimarios}. Eine vergleichbare Organisa-

tion an der Grenze zwischen den USA und Mexiko ist Águilas del Desierto; vgl. die Website der Organisation unter: {https://aguilasdeldesierto.org}.

39 Ein viel zitierter exemplarischer Fall: Forensic Architecture, »The Left-to-Die Boat«. Vgl. auch Heller und Pezzani, »Ebbing and Flowing«.

40 Zit. in Rondi, »Al confine di Ventimiglia, dove i controlli rendono i passeur l'ultima speranza dei migrant«.

41 Zahlen, Daten und Analysen zum weltweit wachsenden Archipel der Lager für willkürlich inhaftierte Migranten liefert das Global Detention Project in Genf; siehe die Website der Organisation unter: {https://www.globaldetentionproject.org/}.

42 Vgl. Reemtsma, *Vertrauen und Gewalt*.

43 Vgl. Amnesty International, »Lithuania: Forced out or Locked up«, S. 41.

44 Vgl. die zahlreichen Erfahrungsberichte in Border Violence Monitoring Network, *The Black Book of Pushbacks 2022*.

45 Wir übergehen an dieser Stelle die exzessive Gewalt, die wir zum Beispiel in Lagern in Libyen beobachten und für die die Europäische Union zumindest eine Mitverantwortung trägt. Vgl. Amnesty International, »›No One Will Look for You‹«. Gegen die Kooperation mit Libyen regt sich seit einiger Zeit Widerstand im Europäischen Parlament, besonders im Ausschuss für bürgerliche Freiheiten, Justiz und Inneres.

46 Lazarević, »›Musterschüler der EU‹«.

47 Vgl. Pool, »*Doing the Game*«, S. 161f.

48 Ebd., S. 161.

49 Vgl. z.B. »Flüchtlingslager Röszke 09092015-1«, 10. September 2015; online verfügbar unter: {https://www.youtube.com/watch?v=bRbmFYYbcyw}. Zur Rechtswidrigkeit dieses Lagers vgl. *Zeit Online*, »Ungarisches Transitlager Röszke laut EU-Gutachter rechtswidrig«.

50 Vgl. Augustová und Sapoch, »Border Violence as Border Deterrence«, S. 224f.

51 Vgl. ebd., S. 222f.

52 Zit. in Jakob, »Atemberaubender moralischer Verfall«.

53 Vgl. Brachet, »Manufacturing Smugglers«, S. 25, sowie die journalistischen Recherchen von Jakob und Schlindwein, *Dictators as Gatekeepers for Europe*.

54 Beispiele wären entsprechende Abkommen zwischen der EU oder

EU-Staaten mit dem Niger oder Marokko. Ähnlich forderte US-Vizepräsidentin Kamala Harris Guatemala auf, »prosperity walls« an der Grenze zu Mexiko zu errichten, um die Migration in die USA zu unterbinden. Siehe The White House, »Remarks by Vice President Harris«.

55 Vgl. Deutscher Bundestag, »Unterrichtung durch die deutsche Delegation in der Parlamentarischen Versammlung der NATO«, S. 3.

56 Vgl. den Wortlaut des Internationalen Übereinkommens zum Schutz aller Personen vor dem Verschwindenlassen, Art. 2.

57 Vgl. Distretti, »Enforced Disappearances and Border Deaths Along the Migrant Trail«, S. 126.

58 So eine der Charakterisierungen der »Nekropolitik« in Mbembe, *Politik der Feindschaft*, S. 74.

59 Siehe hierzu die Arbeiten der französischen Anthropologin Carolina Kobelinsky, z.B. Kobelinsky, »Who Cares About Ouacil?«, oder einige der Bilder und den Kommentar zu einer Ausstellung in Zagreb 2021: Vladisavljevic, »Migrants and Refugees Who Never Made It Commemorated in Croatian Exhibition«.

60 Vgl. Kasparek, *Europa als Grenze*, S. 85, 107.

61 Frontex, »Africa-Frontex Intelligence Community Joint Report«, S. 11. Frontex ist nicht zu verstehen ohne die jahrelangen Überlegungen zur Schaffung eines strengen internationalen Migrationsregimes, das unter der Überschrift des »New International Regime for Orderly Movements of People« bis heute diskutiert wird. Vgl. die Beiträge in Ghosh, *Managing Migration*.

62 Der ehemalige Innenminister und amtierende Kanzler Österreichs raunte neulich, dass es »Querverbindungen« zwischen Organisierter Kriminalität, Terrorismus und irregulärer Migration gebe. Vgl. Bundesministerium für Inneres, »Nehammer: Gemeinsame Bekämpfung illegaler Migration wichtig«.

63 Keady-Tabbal und Mann, »›Pushbacks‹ as Euphemism«.

64 Siehe das Beispiel der hochgespielten Sorge der spanischen Regierung wegen der Migrationsbewegung von Westafrika in Richtung Kanaren in Kasparek, *Europa als Grenze*, S. 234.

65 Röpke, »Die internationale Wirtschaftsordnung der Zukunft«, S. 382.

66 Röpke, *Internationale Ordnung – heute*, S. 250.

67 Ebd., S. 78.

68 Ebd., S. 81. Slobodian, *Globalisten*, S. 225, schreibt Röpke die Idee einer »abendländischen Festung« zu.

69 Röpke, *Internationale Ordnung – heute*, S. 211.

70 Im schroffen Gegensatz zu anderen Vertretern des Neoliberalismus wie etwa Friedrich Hayek war Röpke ein lautstarker Befürworter der südafrikanischen Apartheid und überhaupt der globalen *weißen* Vorherrschaft. Hierzu aufschlussreich: Slobodian, *Globalisten*, Kap. 5.
71 Möller und Vilmar, *Sozialistische Friedenspolitik für Europa*, S. 11 f.
72 Zumach, »Über die Festung Europa und Menschenrechte«, S. 57f.
73 Nonn, *Kleine Migrationsgeschichte Nordrhein-Westfalens*, S. 155.
74 Obexer, *Europas längster Sommer*, S. 100.
75 Zit. in Ferenczi, »L'afflux d'immigrés force l'Europe à revoir sa relation à l'Afrique«.
76 Smith, *Nach Europa!*, S. 171, 218. Zur Rezeption siehe Knaus, *Welche Grenzen brauchen wir?*, S. 204-207. Zur Kritik siehe z. B. die Rezension von Brachet, »The Scramble for Europe«.
77 Schümer, »Europa ist eine Festung – und muss das auch bleiben«.
78 Dies ist einer der Gründe, warum republikanische Denker wie Machiavelli den Bau von Festungen abgelehnt haben. Hierzu lehrreich: Saracino, »Symbolische Kommunikation über Festungen«.
79 Vgl. Frowein, *Festung Frankreich fiel.*
80 Die deutsche Geschichtsschreibung übernahm diese Metaphern lange Zeit für die Beschreibung der deutschen Gewaltherrschaft über Osteuropa. So z. B. in der klassischen historischen Darstellung von Erdmann, *Die Zeit der Weltkriege*, S. 539-548.
81 Staatsbibliothek Berlin, Einbl. 1939/45, 8725, S. 126.
82 Staatsbibliothek Berlin, Einbl. 1939/45, 4422, F. 13.
83 Vgl. Friedländer, *Das Dritte Reich und die Juden*, Bd. 2, S. 500. Festungsmetaphern, so auch Dirk Moses, gehören zum rhetorischen Repertoire derjenigen, die »permanente Sicherheit« fordern, eine Forderung, die nicht nur unerfüllbar, sondern im Kern genozidal ist. Vgl. Moses, *The Problems of Genocide*, S. 283.
84 Zusammenfassend Scheel, »Recuperation through Crisis Talk«.
85 Zimmermann und Rinne, »Zutritt zur Festung Europa?«, S. 115.
86 Deutscher Bundestag, »Die Weißrussland-Route wirkungsvoll schließen«, S. 6.
87 Vgl. Theweleit, *Männerphantasien*, Bd. 1, S. 379-385.

3
Die Grenze greift nach innen aus
Gesellschaftliche Konsequenzen der Abschottung

1 Den Aspekt der rohen Materialität der Grenzregimes und anderer Ordnungen der Ein- und Aussperrung bestimmter Bevölkerungsgruppen betont Mbembe, *Brutalisme*.
2 Zum Begriff einer auf Gewalt beruhenden »Volksgemeinschaft« und seiner Bedeutung für den Aufstieg des Nationalsozialismus vgl. Wildt, *Die Ambivalenz des Volkes*. Dass Inklusion durch Gewalt den gemeinsamen Kern der »Beteiligungsdiktaturen« in NS-Deutschland und Italien bildet, zeigt Reichardt, »Beteiligungsdiktaturen in Italien und Deutschland«.
3 Zur »Glorifizierung« von Gewalt und ihrem Gegenstück, der »Indifferenz« gegenüber dem Leid der Opfer, vgl. Popitz, *Phänomene der Macht*, S. 66-75.
4 Zu dieser Denkfigur: Wolff, »Die Grenze greift nach innen aus«.
5 Herzog, »Ansprache von Bundespräsident Roman Herzog«.
6 So bereits 1963 der damalige Leiter der Pressedienste der Europäischen Wirtschaftsgemeinschaft Rudolf Dumont du Voitel, zit. in Cartier, *Continent sans frontière*.
7 Wapner, *Wall Disease*, S. 39. Unsere Hervorhebung.
8 Siehe die Beispiele in Heller, »Perception Management«.
9 Lisiecki, Tweet vom 6. Oktober 2022; online verfügbar unter: {https://twitter.com/lisieckipawel/status/1578130712850563078}.
10 Siehe die Nachweise in Del Bosque, »How the GOP's ›Invasion‹ Fever Stokes Violence and Undermines Democracy«.
11 In den achtziger Jahren wurde auch im Deutschen Bundestag von der Angst vor Einwanderern und Asylbewerbern als einem ganz »natürlichen und berechtigten Gefühl unserer Mitbürger« gesprochen. Vgl. die Rede des Abgeordneten Dregger (CDU/CSU) in: Deutscher Bundestag, »83. Sitzung, 4. Februar 1982«, S. 4894.
12 Popitz, *Phänomene der Macht*, S. 102.
13 Ebd., S. 99f.
14 AfD, »Innere Sicherheit stärken, Migration steuern«.
15 Zit. in Hasselmann, »Gauland vergleicht Flüchtlinge mit Barbaren«.
16 Zit. in Strobl, *Radikalisierter Konservatismus*, S. 70.
17 Ebd., Kap. 7.
18 Depenheuer, »Flüchtlingskrise als Ernstfall des menschenrechtlichen

Universalismus«, S. 25; Bewarder und Geiger, »Halten die Deutschen Bilder von Lagern in Afrika aus?«

19 Zu diesem Topos: Stierl, »Of Migrant Slaves and Underground Railroads«.

20 Für eine mustergültige Formulierung dieses Arguments vgl. Stephens, »Biden Should Complete The Wall«. Kritisch dazu Heins, »The Plasticity of Our Fears«.

21 Benjamin, »Zur Kritik der Gewalt«, S. 189.

22 Vgl. z.B. Pro Asyl, »Rassistische Kontrollen«.

23 Zu diesem und anderen Beispielen vgl. Kukathas, *Immigration and Freedom*, S. 49-52.

24 Dank an Marcel Storch von der Arbeitsgruppe »Fernerkundung« der Universität Osnabrück für die sorgsame Berechnung des Flächenanteils.

25 Vgl. die Übersicht in Statewatch, »At What Cost?«, S. 10f. Zur Genese und Bedeutung des Begriffs »integrated border management« und seiner Verankerung im offiziellen EU-Vokabular, vgl. Kasparek, *Europa als Grenze*, S. 110-115.

26 Vgl. z.B. Amzat et al., »Tracking the European Union's Migration Millions«.

27 Vgl. American Immigration Council, »The Cost of Immigration Enforcement and Border Security«.

28 Eindrücklich beschrieben u.a. in Hernández, *Migra!*.

29 Vgl. Stevens, »U.S. Government Unlawfully Detaining and Deporting U.S. Citizens as Aliens«.

30 Levinson et al., »50 Days of Protest in Portland«.

31 Executive Office of the President, Executive Order 13933, 26. Juni 2020.

32 Deveraux, »Before Portland«.

33 Sehr deutlich hierzu: Kasparek, *Europa als Grenze*, S. 335f.

34 EU-Innenkommissarin Johansson, »Entwicklungen auf dem westlichen Balkan haben direkte Auswirkungen auf die EU«.

35 So die Worte im ersten Satz in Jones, *Nobody is Protected*, S. 3.

36 Noch im November 2022 wurde der für die Auflösung verantwortliche und als Reformer neu angetretene Chef der U.S. Customs and Border Protection Chris Magnus aus dem Amt gedrängt. Vgl. Ingram, »Under Pressure, Ex-TPD Chief Chris Magnus Resigns«.

37 SBCC, »Alarming New Facts Implicate CBP in the Congressional Investigation«.

38 Council on Foreign Relations, »Janet Napolitano Looks Back on Border Control«.
39 Deutscher Bundestag, »Problematik des Racial Profiling und anlasslose Kontrollen der Bundespolizei seit 2021«, S. 7.
40 EGMR, »Case of Basu v. Germany«.
41 Vgl. Strik, »European Oversight on Frontex«.
42 Für das Jahr 2021 verzeichnet sie beispielsweise sieben Dokumente, großenteils flyerartige Kurzberichte (als PR-Material) oder ein Glossar. Lediglich die Risikoanalyse 2021 und ein sehr spezifischer Leitfaden für Grenzkontrollen lassen ins operative Geschäft blicken (Stand: 10. Oktober 2022).
43 Office Européen de Lutte Anti-Fraude, *Final Report*, S. 31.
44 Ebd., S. 44.
45 Ebd., S. 86.
46 Zit. in Grandin, *The End of the Myth*, S. 261.
47 Ebd., S. 250.
48 So auch die These von Felbab-Brown und Norio, »What Border Vigilantes Taught U.S. Right-wing Armed Groups«.
49 So Marian Magat, Anführer einer rechtsextremen Grenzmiliz in Slowenien, zit. in Germanova et al., »Vigilantes Patrol Parts of Europe«.
50 Vgl. Cohen, *Illegal*, S. 58.
51 Vgl. Kucharski, *Das Gesetz der Ansteckung*.
52 Vgl. den Aufruf, den zahlreiche europäische Intellektuelle aus Anlass der Situation an der polnisch-belarussischen Grenze verfasst haben: »Europa darf sich nicht zu einem rechtsfreien Raum entwickeln«.
53 Vgl. Kucznicki, »Military Actions on Dubious Legal Basis«; Euronews, »Poland's Supreme Court Slams Government for Restricting Media Access at Belarus Border«.
54 Vgl. Jakob und Weissenburger, »Grüne Grenze des Schweigens«.
55 World Justice Project, »WJP Rule of Law Index 2022«.
56 Machiavelli, *Discorsi*, I, 17, S. 64.
57 Vgl. EUR-Lex, »Konsolidierte Fassung des Vertrags über die Arbeitsweise der Europäischen Union – Protokoll Nr. 30«.
58 EuGH, »Urteil in den verbundenen Rechtssachen C-368/20 Landespolizeidirektion Steiermark und C-369/20 Bezirkshauptmannschaft Leibnitz«.
59 Vgl. EuGH, »Urteil in der Rechtssache C-821/19«.
60 Vgl. Hennette Vauchez, »Democracies Trapped by States of Emergency«.
61 Vgl. EGMR, »Case of N.D. and N.T. v. Spain«, S. 4.

62 Zit. in Schmalz, »Enlarging the Hole in the Fence of Migrants' Rights«.
63 Lingaas, »Judicial Responses to the Migration Crisis«, S. 19-21.
64 Zit. in Kelnberger, »EU erwägt, Mauerbau zu bezahlen«.
65 Zit. in Bassot, »The Six Policy Priorities of the von der Leyen Commission«, S. 12.
66 Diese Frage stellt z.B. Deleixhe, »Protecting the European Way of Life?«.
67 Fratelli d'Italia, »Pronti a risollevare l'Italia«, S. 36.
68 Maus, »Entwicklung und Funktionswandel der Theorie des bürgerlichen Rechtsstaats«, S. 65.
69 Dupuis und Thorns, »Gated Communities as Exemplars of ›Forting Up‹ Practices in a Risk Society«, S. 153f. (»mentality of gatedness«).
70 Ebd., S. 154.
71 Vgl. May, *Fortress America*, S. 169f.; Wilson-Doenges, »An Exploration of Sense of Community and Fear of Crime in Gated Communities«, S. 607f.
72 Koloma Beck, »Festung als Lebensform«, S. 287.
73 Ebd., S. 285.
74 Vgl. z.B. Zaiotti, »Of Friends and Fences«.
75 Stigmatisierung ist ein effektives Mittel der formalen oder informellen »sozialen Kontrolle« sowie der »Ausschaltung« bestimmter Minderheiten »aus verschiedenen Bereichen der Konkurrenz«. So Goffman, *Stigma*, S. 90f., 171.
76 Vgl. Rzepnikowska, »Racism and Xenophobia Experienced by Polish Migrants in the UK Before and After Brexit Vote«.
77 Zit. in Schmidt, *Politische Brandstiftung*, S. 182.
78 Vgl. Anderson, *Us and Them?*.
79 Vgl. die Daten in Feinberg et al., »The Trump Effect«.
80 Explizit unterstellte er amerikanischen Juden eine »enorme Illoyalität«, wenn sie trotz seiner Israelpolitik die US-Demokraten wählen würden. Vgl. Lemire und Superville, »Trump: Any Jew Voting Democratic Is Uninformed or Disloyal«.
81 Bráder, »Discussing the Effect of Giorgia Meloni's Win on Europe«.
82 Schuster, »Der Selbstbetrug der Flüchtlingshelfer auf dem Mittelmeer«.
83 »Dobrindt beklagt eine ›Anti-Abschiebe-Industrie‹« (*Frankfurter Allgemeine Zeitung* vom 6. Mai 2018).
84 Vgl. Europäische Union, »Richtlinie 2002/90/EG des Rates vom 28. November 2002«, Art. 1(2).

85 Siehe die zahlreichen Nachweise in Amnesty International, »Punishing Compassion«.
86 Vgl. No More Deaths, »Volunteers Given Fines and Probation for Putting Water in the Desert«.
87 Vgl. Fassin, »Macron, néolibéral illiberal«.
88 Vgl. Giliberti, »Support for Migrants as a Form of Territorial Struggle«.
89 Conseil Constitutionnel, »Entscheidung Nr. 2018-717/718 QPC«. Zu einer ähnlichen Tendenz in der jüngsten Rechtsprechung des italienischen Verfassungsgerichts vgl. Ciervo, »L'irragionevole sicurezza«.
90 Vgl. Sohonie, »The Most Powerful Currency Today«.
91 Vgl. Kukathas, *Immigration and Freedom*, S. 53 f.
92 Zit. in Picker, *Hitlers Tischgespräche im Führerhauptquartier*, 8.-10. September 1941, S. 94.
93 Heitmeyer, »Gruppenbezogene Menschenfeindlichkeit (GMF) in einem entsicherten Jahrzehnt«, S. 34.
94 Stögner, »Vom Antisemitismus zum Antigenderismus und zurück«, S. 119.
95 Gauland, »Sie wollen unseren Nationalstaat in ein Siedlungsgebiet verwandeln!«.
96 So die treffende Formulierung in Rosa, »Der Versuch einer sklerotischen Gesellschaft, sich die Welt vom Leibe zu halten«.
97 Vgl. Cantu, *A Line Become a River*; Budd, *Against the Wall*.
98 Carranza und Gonzalez, »Is the Term ›Tonc‹ an Acronym or a Derogatory Term for Migrants?«.
99 King, »Autoritarismus als Regression«, S. 99.
100 Die verbreitete Intoleranz gegenüber *jeglichen* Differenzen, nicht nur denen, die Migranten zugeschrieben werden, belegt Stenner, *The Authoritarian Dynamic*.
101 Amlinger und Nachtwey, *Gekränkte Freiheit*, S. 146.
102 Ebd., S. 148.
103 Siehe hierzu, auf der Basis von Daten des Sozioökonomischen Panels (SOEP), Poutvaara und Steinhardt, »Bitterness in Life and Attitudes Towards Immigration«.
104 Amlinger und Nachtwey, *Gekränkte Freiheit*, S. 312.
105 Gass, *Der Tunnel*, S. 175.
106 Ebd., S. 61 et passim.
107 Ebd., S. 888.
108 Popitz, *Phänomene der Macht*, S. 100.
109 Gass, *Der Tunnel*, S. 885 f., 894.

110 Ebd., S. 889.
111 Ebd., S. 891.
112 Ebd., S. 384.
113 Ebd., S. 896.

4
Schluss
Gegen die Fantasie der »sicheren Außengrenzen«

1 Vgl. das Gemälde »Make America Safe« auf der Website des Künstlers: {https://jonmcnaughton.com/make-america-safe-11x14-litho/}.
2 Darian-Smith, »Legal Imagery in the ›Garden of England‹«.
3 Siehe hierzu Nachweise und die Analyse in Hull, *The Machine Has a Soul*, Kap. 5.
4 Borrell, »European Diplomatic Academy: Opening Remarks«.
5 Bauman, *Moderne und Ambivalenz*, S. 51-71.
6 Mbembe, *Politik der Feindschaft*, S. 102. Zu Mbembes bedrückender Diagnose passen die Beiträge in Perocco (Hg.), *Migration and Torture in Today's World*.
7 So auch der Befund in Niederberger, »Migrationsethik in der Krise«, S. 113f.
8 Zu dieser absoluten Grenze, die jede Macht darin findet, dass Menschen letztlich selbst über ihren eigenen Tod entscheiden können, vgl. Popitz, *Phänomene der Macht*, S. 59f.
9 Vgl. Beauchemin et al., »Three Sub-Saharan Migration Systems in Times of Policy Restriction«.
10 Ebd., S. 12f., 22, 24. Zu ähnlichen Befunden für die Migration zwischen Lateinamerika und den USA vgl. die Hinweise in Heins, *Offene Grenzen für alle*, S. 167-169.
11 Mbembe, *Politik der Feindschaft*, S. 103.
12 Freud, »Der Dichter und das Phantasieren«, S. 215.
13 Ebd., S. 216. Zur zentralen Rolle der Mobilisierung der Vorstellungskräfte für das Projekt der Befestigung der Grenzen vgl. auch Stümer, *Walled Life*.
14 Siehe hierzu bereits die bahnbrechende Fallstudie von Ferguson, *The Anti-Politics Machine*, besonders S. 251-256.
15 Del Bosque, »Selling Chaos at the Border«.
16 Vgl. De Genova: »Migrant ›Illegality‹ and Deportability in Everyday Life«.

17 Drastisch in diesem Sinne Frum, »If Liberals Won't Enforce Borders, Fascists Will«.

18 Van Rompuy und Barroso, »From War to Peace: A European Tale«. Zu diesem weiten Begriff des Friedens und seinem Einfluss auf die europäische Einigung vgl. besonders Ghervas, *Conquering Peace*.

19 Balibar, *Sind wir Bürger Europas?*, S. 285.

20 Ebd., S. 278f.

21 SBCC, »A New Border Vision«, S. 7.

22 Vgl. hierzu bereits Düvell, »Towards Sustainable Migration Policies«.

23 Siehe Nowrasteh, »U.S. Labor Demand Explains Most of the Rise in Illegal Immigration«; Beauchemin et al., »Three Sub-Saharan Migration Systems in Times of Policy Restriction«, S. 14, 23f.

24 Frost, »Beim Mauer-Ausbessern«, S. 64f.

25 Ebd., S. 64.

Literatur

Achiume, E. Tendayi: »Racial Borders«, in: *The Georgetown Law Journal* 110:3 (2022), S. 445-508.

AfD (Alternative für Deutschland): »Innere Sicherheit stärken, Migration steuern«, Arbeitskreis Inneres der AfD-Fraktion im Deutschen Bundestag, 9. März 2022; online verfügbar unter: {https://afdbundestag.de/arbeitskreise/inneres/} (alle Internetquellen Stand Februar 2023).

AFP: »›L'Europe ou la mort‹. Des migrants d'Afrique de l'Ouest décidés à quitter la Tunisie«, *L'Express*, 3. März 2021.

Albahari, Maurizio: *Crimes of Peace. Mediterranean Migrations at the World's Deadliest Border*, Philadelphia 2015.

Alexander, Robin: *Die Getriebenen. Merkel und die Flüchtlingspolitik: Report aus dem Innern der Macht*, München 2017.

American Immigration Council: »The Cost of Immigration Enforcement and Border Security«, 20. Januar 2021; online verfügbar unter: {https://www.americanimmigrationcouncil.org/research/the-cost-of-immigration-enforcement-and-border-security}.

Amlinger, Carolin und Oliver Nachtwey: *Gekränkte Freiheit. Aspekte des libertären Autoritarismus*, Berlin 2022.

Amnesty International: »Punishing Compassion. Solidarity on Trial in Fortress Europe«, 3. März 2020; online verfügbar unter: {https://www.amnesty.org/en/documents/eur01/1828/2020/en/}.

Amnesty International: »›No One Will Look for You‹: Forcibly Returned from Sea to Abusive Detention in Libya«, 15. Juli 2021; online verfügbar unter: {https://www.amnesty.org/en/documents/mde19/4439/2021/en/}.

Amnesty International: »Lithuania: Forced out or Locked up – Refugees and Migrants Abused and Abandoned«, 27. Juni 2022; online verfügbar unter: {https://www.amnesty.org/en/documents/eur53/5735/2022/en/}.

Amzat, Ajibola et al.: »Tracking the European Union's Migration Millions«, 9. Dezember 2019; online verfügbar unter: {https://www.journalismfund.eu/EU-Nigeria-Migration}.

Anderson, Bridget: *Us and Them? The Dangerous Politics of Immigration Control*, Oxford 2013.

ARD: *Tagesthemen*, Sendung vom 15. November 2021; online verfügbar unter: {https://www.tagesschau.de/multimedia/sendung/tt-8653.html}.

Aschheim, Steven E.: *Brothers and Strangers. The East European Jew in German and German Jewish Consciousness, 1800-1923*, Madison 1982.

Ataman, Ferda: »Migranten, die gegen Migranten hetzen«, in: *Der Spiegel*, 17. September 2020.

Auer, Katja: »Die integrative Wirkung der CSU«, in: *Süddeutsche Zeitung*, 23./24. April 2022.

Augustová, Karolína und Jack Sapoch: »Border Violence as Border Deterrence. Condensed Analysis of Violent Push-Backs from the Ground«, in: *Movements* 5:1 (2020), S. 219-231.

Baldwin, James: »James Baldwin Speech, January 15, 1979«, C-SPAN History; online verfügbar unter: {https://www.c-span.org/video/?170651-1/james-baldwin-speech}.

Baldwin, James: »On Language, Race, and the Black Writer«, in: ders.: *The Cross of Redemption. Uncollected Writings*, herausgegeben von Randall Kenan, New York 2011, S. 114-117.

Balibar, Étienne: *Sind wir Bürger Europas? Politische Integration, soziale Ausgrenzung und die Zukunft des Nationalen*, übersetzt von Olga Anders, Holger Fliessbach und Thomas Laugstien, Hamburg 2003.

Bassot, Étienne: »The Six Policy Priorities of the von der Leyen Commission. State of Play in Autumn 2021«, European Parliamentary Research Service, September 2021; online verfügbar unter: {https://www.europarl.europa.eu/RegData/etudes/IDAN/2021/696205/EPRS_IDA(2021)696205_EN.pdf}.

Beauchemin, Cris, Marie-Laurence Flahaux und Bruno Schoumaker: »Three Sub-Saharan Migration Systems in Times of Policy Restriction«, in: *Comparative Migration Studies* 8:19 (2020), S. 1-27.

Benjamin, Walter: »Zur Kritik der Gewalt«, in: ders.: *Gesammelte Schriften*, Bd. II.1, herausgegeben von Rolf Tiedemann und Hermann Schweppenhäuser, Frankfurt am Main 1991, S. 179-203.

Bergson, Henri: *Die beiden Quellen der Moral und der Religion*, übersetzt von Eugen Lerch, Jena 1933.

Bewarder, Manuel und Klaus Geiger: »Halten die Deutschen Bilder von Lagern in Afrika aus?«, in: *Die Welt*, 26. Juni 2018.

Birk, Karin: »So viele unbesetzte Ausbildungsplätze wie nie«, in: *Deutsche Handwerks Zeitung*, 15. Dezember 2021.

Boggs, S. Whittemore: *International Boundaries. A Study of Boundary Functions and Problems*, New York 1940.

Border Violence Monitoring Network: *The Black Book of Pushbacks 2022*; online verfügbar unter: {https://left.eu/issues/publications/black-book-of-pushbacks-2022/}.
Borrell, Josep: »European Diplomatic Academy: Opening Remarks by High Representative Josep Borrell at the Inauguration of the Pilot Programme«, European Union External Action Service, 13. Oktober 2022; online verfügbar unter: {https://www.eeas.europa.eu/eeas/european-diplomatic-academy-opening-remarks-high-representative-josep-borrell-inauguration_en}.
Brachet, Julien: »Manufacturing Smugglers. From Irregular to Clandestine Mobility in the Sahara«, in: *The Annals of the American Academy of Political and Social Science* 676:1 (2018), S. 16-35.
Brachet, Julien: »The Scramble for Europe. Young Africa on Its Way to the Old Continent [Book Review]«, in: *The Black Scholar* 50:1 (2020), S. 173-176.
Bráder, Adam: »Discussing the Effect of Giorgia Meloni's Win on Europe«, in: *Hungarian Conservative*, 7. Oktober 2022; online verfügbar unter: {https://www.hungarianconservative.com/articles/current/discussing-the-effect-of-giorgia-melonis-win-on-europe/}.
Braudel, Fernand: *Das Mittelmeer und die mediterrane Welt in der Epoche Philipps II*, übersetzt von Grete Osterwald und Günter Seib, 3 Bde., Berlin 1998.
Brinkmann, Tobias: *Migration und Transnationalität*, Paderborn 2012.
Brown, Megan: *The Seventh Member State. Algeria, France, and the European Community*, Cambridge/Mass. 2022.
Brown, Wendy: *Mauern. Die neue Abschottung und der Niedergang der Souveränität*, übersetzt von Frank Lachmann, Berlin 2018.
Budd, Jenn: *Against the Wall. My Journey from Border Patrol Agent to Immigrant Rights Activist*, New York 2022.
Bundesministerium für Inneres (Österreich): »Nehammer: Gemeinsame Bekämpfung illegaler Migration wichtig – keine Pflichtquoten«, 25. Juni 2021; online verfügbar unter: {https://www.bmi.gv.at/news.aspx?id=307249656E744F5A594F453D}.
Cantú, Francisco: *The Line Becomes a River. Dispatches from the Border*, New York 2019.
Carranz, Rafael und Daniel Gonzalez: »Is the Term ›ToNc‹ an Acronym or a derogatory Term fo Migrants?«, in: *The Republic*, 19. Mai 2018.
Cartier, Raymond: »Continent sans frontière«, in: *Historical Archives of the European Union*, online verfügbar unter: {https://archives.eui.eu/en/fonds/516671?item=AE-64}.

Castles, Stephen: »Understanding Global Migration. A Social Transformation Perspective«, in: *Journal of Ethnic and Migration Studies* 36:10 (2010), S. 1565-1586.

Castles, Stephen, Hein de Haas und Mark J. Miller: *The Age of Migration. International Population Movements in the Modern World*, 5. Aufl., New York 2014.

Ciervo, Antonello: »L'irragionevole sicurezza. La Corte costituzionale alle prese con il reato di favoreggiamento dell'immigrazione clandestine«, in: *Osservatorio Costituzionale* 3 (2022), S. 314-329.

Clausewitz, Carl von: *Vom Kriege. Ungekürzter Text nach der Erstauflage (1832-34)*, Frankfurt am Main 1980.

Cohen, Elizabeth F.: *Illegal. How America's Lawless Immigration Regime Threatens Us All*, New York 2020.

Conseil Constitutionnel: »Entscheidung Nr. 2018-717/718 QPC vom 6. Juli 2018«; online verfügbar unter: {https://www.conseil-constitutionnel.fr/de/decision/2018/2018717_718QPC.htm}.

Council on Foreign Relations: »Janet Napolitano Looks Back on Border Control, Cyber Policy, and Leadership in Homeland Security«, 29. Januar 2015; online verfügbar unter: {https://www.cfr.org/event/janet-napolitano-looks-back-border-control-cyber-policy-and-leadership-homeland-security}.

Cowles, Ben: »Refugees Trapped at Poland-Belarus Border Are Freezing, Starving and Sick, some Are Being Sexually Abused by Border Guards, Activists Say«, in: *The Civil Fleet*, 5. Dezember 2022; online verfügbar unter: {https://thecivilfleet.wordpress.com/2022/12/05/refugees-trapped-at-poland-belarus-border-are-freezing-starving-and-sick-some-are-being-sexually-abused-by-border-guards-activists-say}.

CSU: »Die Ordnung. Grundsatzprogramm der Christlich-Sozialen Union«, Beschluss des CSU-Parteitags am 5. November 2016.

Damilaville, Étienne Noël: »Paix«, in: Denis Diderot et al. (Hg.): *L'Encyclopédie ou Dictionnaire raisonné des sciences, des arts et des métiers* (1751-1772), Paris: Académie des sciences 2017-2022; online verfügbar unter: {http://enccre.academie-sciences.fr/encyclopedie/article/v11-2266-0/}.

Darian-Smith, Eve: »Legal Imagery in the ›Garden of England‹«, in: *Indiana Journal of Global Legal Studies* 2:2 (1994), S. 395-411.

Davis, Julie Hirschfeld und Michael D. Shear: *Border Wars. Inside Trump's Assault on Immigration*, New York 2019.

De Genova, Nicolas P.: »Migrant ›Illegality‹ and Deportability in Everyday Life«, in: *Annual Review of Anthropology* 31 (2002), S. 419-447.

Del Bosque, Melissa: »Selling Chaos at the Border«, in: *The Border Chronicle*, 28. September 2021; online verfügbar unter: {https://www.theborderchronicle.com/p/selling-chaos-at-the-border}.
Del Bosque, Melissa: »How the GOP's ›Invasion‹ Fever Stokes Violence and Undermines Democracy«, in: *The Border Chronicle*, 6. September 2022; online verfügbar unter: {https://www.theborderchronicle.com/p/how-the-gops-invasion-fever-stokes}.
Deleixhe, Martin: »Protecting the European Way of Life? Von der Leyen Caught in the Paradox of Liberal Identities«, Novamigra Blog, 21. Okrober 2019; online verfügbar unter: {https://blog.novamigra.eu/category/debating-europe/norms-and-values/}.
Depenheuer, Otto: »Flüchtlingskrise als Ernstfall des menschenrechtlichen Universalismus«, in: Otto Depenheuer und Christoph Grabenwarter (Hg.): *Der Staat in der Flüchtlingskrise. Zwischen gutem Willen und geltendem Recht*, 2. Aufl., Paderborn 2017, S. 20-41.
Derrida, Jacques: *Das andere Kap. Die vertagte Demokratie. Zwei Essays zu Europa*, übersetzt von Alexander García Düttmann, Frankfurt am Main 1992.
Deutscher Bundestag: »83. Sitzung, 4. Februar 1982«, in: *Verhandlungen des Deutschen Bundestages, Stenographische Berichte* (9. Wahlperiode, Band 120: Plenarprotokolle), Bonn 1981/82, S. 4887-4997.
Deutscher Bundestag: »Die Weißrussland-Route wirkungsvoll schließen. Antrag des Abgeordneten Norbert Kleinwächter und der Fraktion der AfD«, 17. November 2021, Drucksache 20/87.
Deutscher Bundestag: »Unterrichtung durch die deutsche Delegation in der Parlamentarischen Versammlung der NATO«, 27. Mai 2022, Drucksache 20/1617.
Deutscher Bundestag: »Problematik des Racial Profiling und anlasslose Kontrollen der Bundespolizei seit 2021 (Antwort der Bundesregierung auf eine Kleine Anfrage)«, 14. Dezember 2022, Drucksache 20/4961, S. 7.
Deveraux, Ryan: »Before Portland, Trump's Shock Troops Went After Border Activists«, in: *The Intercept*, 25. Juli 2020; online verfügbar unter: {https://theintercept.com/2020/07/25/portland-federal-agents-antifa-border/}.
Distretti, Emilio: »Enforced Disappearances and Border Deaths Along the Migrant Trail«, in: Paolo Cuttitta und Tamara Last (Hg.): *Border Deaths. Causes, Dynamics and Consequences of Migration-related Mortality*, Amsterdam 2020, S. 117-129.

»Dobrindt beklagt eine ›Anti-Abschiebe-Industrie‹«, in: *Frankfurter Allgemeine Zeitung*, 6. Mai 2018.
Douglass, Frederick: *A Narrative of the Life of Frederick Douglass, an American Slave. Written by Himself*, Boston 1845.
Dovi, Suzanne: »Guilt and the Problem of Dirty Hands«, in: *Constellations* 12:1 (2005), S. 128-146.
Dribbusch, Barbara, und Marita Fischer: »Personalmangel in Deutschland. Neuland auf dem Arbeitsmarkt«, in: *taz*, 28. Juni 2022.
Dupuis, Ann und David Thorns: »Gated Communities as Exemplars of ›Forting Up‹ Practices in a Risk Society«, in: *Urban Policy and Research* 26:2 (2008), S. 145-157.
Düvell, Franck: »Towards Sustainable Migration Policies«, in: Michael Jandl (Hg.): *Innovative Concepts for Alternative Migration Policies*, Amsterdam 2007, S. 47-58.
EU-Innenkommissarin Johansson: »Push-Back-Vorwürfe gegen Frontex müssen aufgeklärt werden«, 4. März 2021; online verfügbar unter: {https://www.eiz-niedersachsen.de/innenkommissarin-johansson-push-back-vorwuerfe-gegen-frontex-muessen-aufgeklaert-werden/}.
EU-Innenkommissarin Johansson: »Entwicklungen auf dem westlichen Balkan haben direkte Auswirkungen auf die EU«, 20. Oktober 2022; online verfügbar unter: {https://germany.representation.ec.europa.eu/news/eu-innenkommissarin-johansson-entwicklungen-auf-dem-westlichen-balkan-haben-direkte-auswirkungen-auf-2022-10-20_de}.
El-Mafaalani, Aladin: *Wozu Rassismus? Von der Erfindung der Menschenrassen bis zum rassismuskritischen Widerstand*, Köln 2021.
Elster, Jon: *Alexis de Tocqueville, the First Social Scientist*, Cambridge 2009.
El Qadim, Nora: »The Symbolic Meaning of International Mobility. EU-Morocco Negotiations on Visa Facilitation«, in: *Migration Studies* 6:2 (2018), S. 279-305.
Erdmann, Karl Dietrich: *Die Zeit der Weltkriege* (Handbuch der deutschen Geschichte, Bd. 4), 8. Aufl., Stuttgart, Berlin, Leipzig 1959.
EUR-Lex: »Konsolidierte Fassung des Vertrags über die Arbeitsweise der Europäischen Union – Protokoll Nr. 30 über die Anwendung der Charta der Grundrechte auf Polen und das Vereinigte Königreich«, 9. Mai 2008; online verfügbar unter: {https://eur-lex.europa.eu/legal-content/DE/TXT/?uri=CELEX:12008E/PRO/30}.
Euronews: »Poland's Supreme Court Slams Government for Restricting Media Access at Belarus Border«, Euronews, 20. Januar 2022; on-

line verfügbar unter: {https://www.euronews.com/2022/01/20/poland-s-supreme-court-slams-government-for-restricting-media-access-at-belarus-border}.

»Europa darf sich nicht zu einem rechtsfreien Raum entwickeln«, Aufruf in: *Der Freitag*, 20. Dezember 2021; online verfügbar unter: {https://www.freitag.de/autoren/der-freitag/europa-darf-sich-nicht-zu-einem-rechtsfreien-raum-entwickeln}.

EuGH (Gerichtshof der Europäischen Union): »Urteil in der Rechtssache C-821/19. Kommission v. Ungarn (Pönalisierung der Unterstützung von Asylbewerbern)«, Pressemitteilung 203/21 vom 16. November 2021.

EuGH (Gerichtshof der Europäischen Union): »Urteil in den verbundenen Rechtssachen C-368/20 Landespolizeidirektion Steiermark und C-369/20 Bezirkshauptmannschaft Leibnitz (Höchstdauer von Kontrollen an den Binnengrenzen)«, Pressemitteilung 64/22 vom 26. April 2022.

EGMR (Europäischer Gerichtshof für Menschenrechte): »Case of N. D. and N. T. v. Spain (Applications nos. 8675/15 and 8697/15)«, 13. Februar 2020.

EGMR (Europäischer Gerichtshof für Menschenrechte): »Case of Basu v. Germany (Application no. 215/19)«, 18. Oktober 2022.

»Erklärung von Meseberg. Das Versprechen Europas für Sicherheit und Wohlstand erneuern«, 19. Juni 2018; online verfügbar unter: {https://www.elysee.fr/de/emmanuel-macron/2018/06/19/erklarung-von-meseberg-das-versprechen-europas-fur-sicherheit-und-wohl stand-erneuern}.

Europäische Kommission: »Kommission und französischer Vorsitz im Rat der Europäischen Union bekräftigen ambitionierte Hilfspolitik der EU«, Pressemitteilung vom 22. März 2022.

Europäische Union: »Richtlinie 2002/90/EG des Rates vom 28. November 2002 zur Definition der Beihilfe zur unerlaubten Ein- und Durchreise und zum unerlaubten Aufenthalt«, *Amtsblatt der Europäischen Gemeinschaften*, 5. Dezember 2002.

Europarat: »Pushed Beyond the Limits. Four Areas for Urgent Action to End Human Rights Violations at Europe's Borders«, Recommendation by the Council of Europe Commissioner for Human Rights, April 2022.

Fassin, Éric: »Macron, néolibéral illiberal«, in: *Mediapart*, 11. September 2017; online verfügbar unter: {https://blogs.mediapart.fr/eric-fassin/blog/110917/macron-neoliberal-illiberal}.

Feinberg, Ayal, Regina Branton und Valerie Martinez-Ebers: »The Trump Effect. How 2016 Campaign Rallies Explain Spikes in Hate«, in: *PS: Political Science & Politics* 55:2 (2022), S. 257-265.

Felbab-Brown, Vanda und Elisa Norio: »What Border Vigilantes Taught U.S. Right-wing Armed Groups«, in: *Mexico Today*, 12. März 2021; online verfügbar unter: {https://mexicotoday.com/2021/03/12/opinion-what-border-vigilantes-taught-u-s-right-wing-armed-groups/}.

Ferenczi, Thomas: »L'afflux d'immigrés force l'Europe à revoir sa relation à l'Afrique«, in: *Le Monde*, 7. Oktober 2005.

Ferguson, James: *The Anti-Politics Machine. »Development«, Depolitization, and Bureaucratic Power in Lesotho*, Cambridge 1990.

Fink, Reuben: »Visas, Immigration, and Official Anti-Semitism«, in: *The Nation*, Nr. 2920, 22. Juni 1921, S. 870-872.

Fischer, Joschka: »Die Unabhängigkeit Kataloniens wäre ein Desaster für die EU«, in: *Süddeutsche Zeitung*, 20. Oktober 2017.

FitzGerald, David Scott und David Cook-Martin: *Culling the Masses. The Democratic Origins of Racist Immigration Policy in the Americas*, Cambridge/Mass. 2014.

Forensic Architecture: »The Left-to-Die Boat«, 11. April 2012; online verfügbar unter: {http://www.forensic-architecture.org/case/left-die-boat/}.

Forensic Architecture: »The Killing of Muhammad Gulzar«, 8. Mai 2020; online verfügbar unter: {https://forensic-architecture.org/investigation/the-killing-of-muhammad-gulzar}.

Forensic Architecture: »The Killing of Muhammad al-Arab«, 3. Juli 2020; online verfügbar unter: {https://forensic-architecture.org/investigation/the-killing-of-muhammad-al-arab}.

Fox, Jon E. und Magda Mogilnicka: »Pathological Integration, or, how East Europeans Use Racism to Become British«, in: *British Journal of Sociology* 70:1 (2019), S. 5-23.

Franklin, Benjamin: »Observations Concerning the Increase of Mankind (1751)«, Washington, DC: National Archives and Records Administration; online verfügbar unter: {https://founders.archives.gov/documents/Franklin/01-04-02-0080}.

Fratelli d'Italia: »Pronti a risollevare l'Italia«, 2022; online verfügbar unter: {https://www.fratelli-italia.it/programma/}.

Freud, Sigmund: »Der Dichter und das Phantasieren«, in: ders.: *Gesammelte Werke*, Bd. VII, Frankfurt am Main 1908, S. 213-223.

Friedländer, Saul: *Das Dritte Reich und die Juden*, Bd. 2: *Die Jahre der*

Vernichtung 1939-1945, übersetzt von Martin Pfeiffer, 2. Aufl., München 2006.
Frontex: »Africa-Frontex Intelligence Community Joint Report«, Frontex Risk Analysis Unit, Warschau, Oktober 2014; online verfügbar unter: {https://www.statewatch.org/media/documents/news/2014/dec/eu-africa-frontex-intell-report-2014.pdf}.
Frost, Robert: »Beim Mauer-Ausbessern (*Mending Wall*)«, übersetzt von Hermann Stock, in: *Gesammelte Gedichte*, Mannheim 1952, S. 64-65.
Frowein, Kurt: *Festung Frankreich fiel*, Berlin 1940.
Frum, David: »If Liberals Won't Enforce Borders, Fascists Will«, in: *The Atlantic*, April 2019; online verfügbar unter: {https://www.theatlantic.com/magazine/archive/2019/04/david-frum-how-much-immigration-is-too-much/583252/}.
Fukuyama, Francis: *Das Ende der Geschichte. Wo stehen wir?*, übersetzt von Helmut Dierlamm, Ute Mihr und Karlheinz Dürr, München: Kindler 1992.
Gall, Lydia: »Polish Activists Arrested for Saving Lives«, Human Rights Watch, 1. April 2022; online verfügbar unter: {https://www.hrw.org/news/2022/04/01/polish-activists-arrested-saving-lives}.
Garcia Borja, Andrea und Merna Abdelazim: »Migrant Deaths on Maritime Routes to Europe in 2021«, Missing Migrants Project, Genf 2021.
Garelli, Glenda und Martina Tazzioli: »The Biopolitical Warfare on Migrants. EU Naval Force and NATO Operations of Migration Government in the Mediterranean«, in: *Critical Military Studies* 4:2 (2018), S. 181-200.
Garelli, Glenda und Martina Tazzioli: »Migration and ›Pull Factor‹ Traps«, in: *Migration Studies* 9:3 (2021), S. 383-399.
Gass, William H.: *Der Tunnel*, übersetzt von Nikolaus Stingl, Reinbek 2011.
Gathara, Patrick: »Covering Ukraine: A Mean Streak of Racist Exceptionalism«, Al Jazeera, 1. März 2022; online verfügbar unter: {https://www.aljazeera.com/opinions/2022/3/1/covering-ukraine-a-mean-streak-of-racist-exceptionalism}.
Gauland, Alexander: »Sie wollen unseren Nationalstaat in ein Siedlungsgebiet verwandeln!«, Youtube-Kanal der AFD-Bundestagsfraktion, 8. November 2018; online verfügbar unter: {https://www.youtube.com/watch?v=Nf9pDFKehls}.
Germanova, Miroslava et al.: »Vigilantes Patrol Parts of Europe Where Few Migrants Set Foot«, in: *The New York Times*, 10. Juni 2016.

Ghervas, Stella: *Conquering Peace. From the Enlightenment to the European Union*, Cambridge/Mass. 2021.
Ghosh, Bimal (Hg.): *Managing Migration. Time for a New International Regime?*, Oxford 2000.
Giliberti, Luca: »Support for Migrants as a Form of Territorial Struggle. Endogenous Solidarity in the Roya Valley«, in: Livio Amigoni et al. (Hg.): *Debordering Europe. Migration and Control Across the Ventimiglia Region*, Basingstoke: 2021, S. 205-219.
Gilman, Sander L.: *The Jew's Body*, New York 1991.
Goffman, Erving: *Stigma. Über Techniken der Bewältigung beschädigter Identität*, übersetzt von Frigga Haug, Frankfurt am Main 1967.
Goldberg, David Theo: »Racial Europeanization«, in: *Ethnic and Racial Studies* 29:2 (2006), S. 331-364.
Gosewinkel, Dieter: *Einbürgern und Ausschließen. Die Nationalisierung der Staatsangehörigkeit vom Deutschen Bund bis zur Bundesrepublik Deutschland*, Göttingen 2001.
Govedarica, Srdjan und Andrea Beer: »Maskierte prügeln Migranten aus der EU«, Tageschau.de, 6. Oktober 2021.
Grandin, Greg: *The End of the Myth. From Frontier to the Border Wall in the American Mind*, New York 2019.
Green, Emily: »US Border Agents Are Removing Haitian Migrants Using Horses and Whips«, in: *Vice*, 20. September 2021; online verfügbar unter: {https://www.vice.com/en/article/k78vdm/us-border-agents-are-removing-haitian-migrants-using-horses-and-whips}.
Grupa Granica: »Humanitarian Crisis at the Polish-Belarusian Border«, Bericht von Grupa Granica, 10. Dezember 2021.
Hameršak, Marijana und Iva Pleše: »Forest, Forest, Forest. Sometimes We Sleep. Walking, Sleep, Walking, Sleep. It's Dangerous on this Way. Weaponized Migration Landscapes at the Outskirts of the European Union«, in: *Etnološka tribina* 51 (2021), S. 204-221.
Hansen, Peo und Stefan Jonsson: *Eurafrica. The Untold History of European Integration and Colonialism*, London 2014.
Hardt, Lucas: »Flüchtlinge, Terroristen, Freiheitskämpfer? Algerische Migranten und die Bundesrepublik Deutschland 1954-1962«, in: *Vierteljahrshefte für Zeitgeschichte* 67:3 (2019), S. 377-407.
Haslanger, Sally: »Eine sozial-konstruktivistische Analyse von *race*«, in: Kristina Leopold und Marina Martinez Mateo (Hg.): *Critical Philosophy of Race. Ein Reader*, Berlin 2021, S. 107-128.
Hasselmann, Jörn: »Gauland vergleicht Flüchtlinge mit Barbaren«, in: *Der Tagesspiegel*, 7. November 2015.

Heins, Volker M.: *Offene Grenzen für alle. Eine notwendige Utopie*, Hamburg 2021.

Heins, Volker M.: »The Plasticity of Our Fears. Affective Politics in the European Migration Crisis«, in: *Society* 58 (2021), S. 500-506.

Heitmeyer, Wilhelm: »*Gruppenbezogene Menschenfeindlichkeit* (GMF) in einem entsicherten Jahrzehnt«, in: ders. (Hg.): *Deutsche Zustände*, Bd. 10, Berlin 2011, S. 15-41.

Heller, Charles: »Perception Management. Deterring Potential Migrants through Information Campaigns«, in: *Global Media and Communication* 10:3 (2014), S. 303-318.

Heller, Charles und Lorenzo Pezzani: »Ebbing and Flowing. The EU's Shifting Practices of (Non-)Assistance and Bordering in a Time of Crisis«, in: *Europe at a Crossroads* 1 (2016); online verfügbar unter: {http://nearfuturesonline.org/ebbing-and-flowing-the-eus-shifting-practices-of-non-assistance-and-bordering-in-a-time-of-crisis/}.

Hennette Vauchez, Stéphanie: »Democracies Trapped by States of Emergency. Lessons from France«, *iCourts Working Paper Series*, Nr. 276, 2021.

Herzog, Roman: »Ansprache von Bundespräsident Roman Herzog zur Eröffnung des Symposiums ›Demokratische Legitimation in Europa in den Nationalstaaten in den Regionen‹ an der Universität Freiburg«, 28. April 1999; online verfügbar unter: {https://www.bundespraesident.de/SharedDocs/Reden/DE/Roman-Herzog/Reden/1999/04/19990428_Rede.html}.

Hess, Sabine und Matthias Schmidt-Sembdner: »Perspektiven der ethnographischen Grenzregimeforschung – Grenze als Konfliktzone«, in: *Zeitschrift für Migrationsforschung* 1:1 (2021), S. 197-214.

Hoy, Benjamin: *A Line of Blood and Dirt. Creating the Canada-United States Border Across Indigenous Lands*, Oxford 2021.

Hull, Katy: *The Machine Has a Soul. American Sympathy with Italian Fascism*, Princeton 2021.

Ingram, Paul: »Under Pressure, Ex-TPD Chief Chris Magnus Resigns as Head of Federal Border Agency«, in: *Tucson Sentinel*, 12. November 2022.

»Interview mit Franco Frattini: ›Wir sind heute ein Einwanderungskontinent‹«, in: *Frankfurter Allgemeine Zeitung*, 6. Dezember 2007.

Jakob, Christian: »Atemberaubender moralischer Verfall«, in: *taz*, 28. Juni 2022.

Jakob, Christian und Simone Schlindwein: *Dictators as Gatekeepers for Europe. Outsourcing EU border controls to Africa*, Wakefield 2019.

Jakob, Christian und Peter Weissenburger: »Grüne Grenze des Schweigens«, in: *taz*, 26. November 2021.

Jones, Reece: *Nobody Is Protected. How the Border Patrol Became the Most Dangerous Police Force in the United States*, Berkeley 2022.

Kalmar, Ivan: *White But Not Quite. Central Europe's Illiberal Revolt*, Bristol 2022.

Kamasaki, Charles: »US Immigration Policy. A Classic, Unappreciated Example of Structural Racism«, Washington, DC: The Brookings Institution, 26. März 2021; online verfügbar unter: {https://www.brookings.edu/blog/how-we-rise/2021/03/26/us-immigration-policy-a-classic-unappreciated-example-of-structural-racism/}.

Kasparek, Bernd: *Europa als Grenze. Eine Ethnographie der Grenzschutz-Agentur Frontex*, Bielefeld 2021.

Keady-Tabbal, Niamh und Itamar Mann: »›Pushbacks‹ as Euphemism«, Blog of the European Journal of International Law, 14. April 2021; online verfügbar unter: {https://www.ejiltalk.org/pushbacks-as-euphemism/}.

Kelnberger, Josef: »EU erwägt, Mauerbau zu bezahlen«, in: *Süddeutsche Zeitung*, 10. November 2021.

King, Vera: »Autoritarismus als Regression«, in: *WestEnd. Neue Zeitschrift für Sozialforschung* 18:1 (2021), S. 87-102.

Knaus, Gerald: *Welche Grenzen brauchen wir?*, München 2020.

Kobelinsky, Carolina: »Who Cares About Ouacil? The Postmortem Itinerary of a Young Border Crosser«, in: *American Behavioral Scientist* 64:4 (2020), S. 525-539.

Koloma Beck, Teresa: »Festung als Lebensform. Eine andere Erzählung des Gewaltraums«, in: Ferdinand Sutterlüty et al. (Hg.): *Narrative der Gewalt. Interdisziplinäre Analysen*, Frankfurt am Main, New York 2019, S. 267-293.

Kösemen, Orkan und Ulrike Wieland: *Willkommenskultur zwischen Stabilität und Aufbruch. Aktuelle Perspektiven der Bevölkerung auf Migration und Integration in Deutschland*, Gütersloh 2022.

»Kretschmer gegen Aufnahme von Migranten aus Belarus«, *MDR aktuell*, 14. November 2021.

Kucharski, Adam: *Das Gesetz der Ansteckung. Was Pandemien, Börsencrashs und Fake News gemeinsam haben*, übersetzt von Karsten Petersen, Stuttgart 2020.

Kukathas, Chandran: *Immigration and Freedom*, Princeton 2021.

Kuznicki, Wojciech: »Military Actions on Dubious Legal Bases«, in:

Verfassungsblog, 29. November 2021; online verfügbar unter: {https://verfassungsblog.de/military-actions-on-dubious-legal-bases/}.

Lazarević, Krsto: »›Musterschüler der EU‹«, in: *Jungle World*, 21. November 2019.

Lemire, Jonathan und Darlene Superville: »Trump: Any Jew Voting Democratic Is Uninformed or Disloyal«, AP News, 21. August 2019; online verfügbar unter: {https://apnews.com/article/benjamin-netanyahu-religion-israel-middle-east-race-and-ethnicity-1bc3065eb2e4414289ef0ac1ac4ebaf7}.

Leonhardt, Katharina: *Körpermetaphorik im europapolitischen Diskurs*, St. Ingbert 2014.

Levison, Jonathan et al.: »50 Days of Protest in Portland«, in: *OPB*, 19. Juli 2020; online verfügbar unter: {https://www.opb.org/news/article/police-violence-portland-protest-federal-officers/}.

Lighthouse Report: »Reconstructing the Melilla Massacre«, in: *Lighthouse Report*, 29. November 2022; online verfügbar unter: {https://www.lighthousereports.nl/investigation/reconstructing-the-melilla-massacre/}.

Lingaas, Carola: »Judicial Responses to the Migration Crisis. The Role of Courts in the Creation of a European Identity«, in: Giovanni Carlo Bruno et al. (Hg.): *Migration Issues before International Courts and Tribunals*, Rom 2019, S. 1-24.

Lytle Hernandez, Kelly: *Migra! A History of the U.S. Border Patrol*, Berkeley 2010.

Machiavelli, Niccolò: *Discorsi. Gedanken über Politik und Staatsführung*, übersetzt von Rudolf Zorn, 3. Aufl., Stuttgart 2007.

Madison, James: »Political Observations, 20 April 1795«, Washington, DC: National Archives and Records Administration; online verfügbar unter: {https://founders.archives.gov/documents/Madison/01-15-02-0423}.

Mahla, Daniel: »›To the East‹? Israeli Soccer's Asian Period and Debates about the Jewish State's Cultural Affiliations with the Continent«, unveröffentlichtes Ms., Ludwig-Maximilians-Universität München, Zentrum für Israel-Studien 2022.

Mann, Itamar: »Border Violence as Crime«, in: *University of Pennsylvania Journal of International Law* 42:3 (2021), S. 675-736.

Martens, Michael: »Europas gesetzlose Grenze«, in: *Frankfurter Allgemeine Zeitung*, 24. Januar 2021.

Massumi, Brian: *Ontopower. War, Powers, and the State of Perception*, Durham 2015.

Mau, Steffen: *Sortiermaschinen. Die Neuerfindung der Grenze im 21. Jahrhundert*, München 2021.

Maus, Ingeborg: »Entwicklung und Funktionswandel der Theorie des bürgerlichen Rechtsstaats«, in: Mehdi Tohidipur (Hg.): *Der bürgerliche Rechtsstaat*, Bd. 1, Frankfurt am Main 1978, S. 13-81.

Mauss, Marcel: *Die Nation oder der Sinn fürs Soziale*, übersetzt von Christine Pries, Frankfurt am Main, New York 2017.

May, Elaine Tyler: *Fortress America. How We Embraced Fear and Abandoned Democracy*, New York 2017.

Mbembe, Achille: *Politik der Feindschaft*, übersetzt von Michael Bischoff, Berlin 2017.

Mbembe, Achille: *Brutalisme*, Paris 2020.

McCullough, Jolie: »Texas' Border Operation Is Meant to Deter Cartels and Smugglers. More Often, It Imprisons Lone Men for Trespassing«, ProPublica, 4. April 2022; online verfügbar unter: {https://www.propublica.org/article/texas-border-operation-is-meant-to-deter-cartels-and-smugglers-more-often-it-imprisons-lone-men-for-trespassing}.

Merz, Friedrich: »Rede beim 57. JU NRW-Tag in Olpe«, 14. August 2021; online verfügbar unter: {https://www.youtube.com/watch?v=4Ptbkelem84}.

Miles, Robert: *Rassismus. Einführung in die Geschichte und Theorie eines Begriffs*, übersetzt von Michael Haupt, Hamburg 1991.

Miller, David: *Fremde in unserer Mitte. Politische Philosophie der Einwanderung*, übersetzt von Frank Lachmann, Berlin 2017.

Miller, Todd: *Build Bridges, Not Walls. A Journey to a World Without Borders*, San Francisco 2021.

Möller, Walter und Fritz Vilmar: *Sozialistische Friedenspolitik für Europa. Kein Frieden ohne Gesellschaftsreform in West und Ost*, Reinbek 1972.

Monnet, Jean: *Erinnerungen eines Europäers*, übersetzt von Werner Vetter, München 1980.

Montesquieu: *Vom Geist der Gesetze*, übersetzt von Kurt Weigand, Stuttgart 1994.

Morus, Thomas: *Utopia*. Lateinisch/Deutsch, übersetzt von Gerhard Ritter, Stuttgart 2012.

Moses, A. Dirk: *The Problems of Genocide. Permanent Security and the Language of Transgression*, Cambridge 2021.

Mountz, Alison: *The Death of Asylum. Hidden Geographies of the Enforcement Archipelago*, Minneapolis 2020.

Ngai, Mae M.: *Impossible Subjects. Illegal Aliens and the Making of Modern America*, Princeton 2014.

Niederberger, Andreas: »Migrationsethik in der Krise. Einige grundlegende philosophische Überlegungen«, in: *Zeitschrift für Migrationsforschung* 1:1 (2021), S. 97-123.

No More Deaths: »Volunteers Given Fines and Probation for Putting Water in the Desert«, 1. März 2019; online verfügbar unter: {https://nomoredeaths.org/volunteers-given-fines-and-probation-for-putting-water-in-desert/}.

Nonn, Christoph: *Kleine Migrationsgeschichte von Nordrhein-Westfalen*, Köln 2011.

Norwegian Nobel Committee: »The Nobel Peace Prize for 2012«, 12. Oktober 2012; online verfügbar unter: {https://www.nobelprize.org/prizes/peace/2012/press-release/}.

Nowrasteh, Alex: »U.S. Labor Demand Explains Most of the Rise in Illegal Immigration«, Cato Institute, 27. Juli 2022; online verfügbar unter: {https://www.cato.org/blog/us-labor-demand-explains-most-rise-illegal-immigration}.

Obexer, Maxi: *Europas längster Sommer*, Berlin 2017.

OLAF (Europäisches Amt für Betrugsbekämpfung): *Final Report*, CASE No OC/2021/0451/A1, Brüssel 2021.

Orlowski, Hubert: *»Polnische Wirtschaft«. Zum deutschen Polendiskurs der Neuzeit*, Wiesbaden 1996.

Panagiotidis, Jannis und Hans Christian Petersen: »Rassismus gegen Weiße? Für eine Osterweiterung der deutschen Rassismusdebatte«, in: *Geschichte der Gegenwart*, 23. Februar 2022; online verfügbar unter: {https://geschichtedergegenwart.ch/rassismus-gegen-weisse-fuer-eine-osterweiterung-der-deutschen-rassismusdebatte/}.

Patel, Kiran Klaus: *Projekt Europa. Eine kritische Geschichte*, München 2018.

Perocco, Fabio (Hg.): *Migration and Torture in Today's World*, Venedig 2023; online verfügbar unter: {https://edizionicafoscari.unive.it/en/edizioni4/libri/978-88-6969-636-7/}.

Picker, Henry: *Hitlers Tischgespräche im Führerhauptquartier*, München 2003.

Pool, Hannah: *»Doing the Game«. The Moral Economy of Coming to Europe*, Dissertation, Universität Köln 2021.

Popitz, Heinrich: *Phänomene der Macht*, 2. Aufl., Tübingen 1992.

Poutrus, Patrice: *Umkämpftes Asyl. Vom Nachkriegsdeutschland bis in die Gegenwart*, Berlin 2019.

Poutvaara, Panu und Max Friedrich Steinhardt: »Bitterness in life and attitudes towards immigration«, *SOEP Papers on Multidisciplinary Panel Data Research*, DIW Berlin, No. 800 (2015); online verfügbar unter: {www.diw.de/documents/publikationen/73/diw_01.c.519191.de/diw_sp0800.pdf}.

Pro Asyl, »Rassistische Kontrollen durch die Bundespolizei müssen sofort beendet werden!«, 5. September 2022; online verfügbar unter: {https://www.proasyl.de/pressemitteilung/rassistische-kontrollen-durch-die-bundespolizei-muessen-sofort-beendet-werden/}.

Ratzel, Friedrich: *Politische Geographie*, München, Leipzig 1897

Reemtsma, Jan Philipp: *Vertrauen und Gewalt. Versuch über eine besondere Konstellation der Moderne*, Hamburg 2008.

Reichardt, Sven: »Beteiligungsdiktaturen in Italien und Deutschland. Vergleichende Anmerkungen zur ›Volksgemeinschafts‹-Debatte«, in: Detlef Schmiechen-Ackermann et al. (Hg.): *Der Ort der »Volksgemeinschaft« in der deutschen Gesellschaftsgeschichte*, Paderborn 2018, S. 118-133.

Ribeiro Corossacz, Valeria: »Razzismo e bianchezza in Brasile«, in: *Anuac* 1:1 (2012), S. 38-48.

Roediger, David R.: *Working Toward Whiteness. How America's Immigrants Became White*, New York 2005.

Rondi, Luca: »Al confine di Ventimiglia, dove i controlli rendono i passeur l'ultima speranza dei migranti«, in: *Altreconomia*, 2. Februar 2022; online verfügbar unter: {https://altreconomia.it/al-confine-di-ventimiglia-dove-i-controlli-rendono-i-passeur-lultima-speranza-dei-migranti/}.

Röpke, Wilhelm: »Die internationale Wirtschaftsordnung der Zukunft. Pläne und Probleme«, in: *Schweizer Monatshefte* 22:7 (1942-1943), S. 371-387.

Röpke, Wilhelm: *Internationale Ordnung – heute*, 2. Aufl., Erlenbach-Zürich 1954.

Rosa, Hartmut: »Der Versuch einer sklerotischen Gesellschaft, sich die Welt vom Leibe zu halten – und ein Vorschlag für einen Neuanfang«, in: Karl-Siegbert Rehberg, Franziska Kunz und Tino Schlinzig (Hg.): *Rechtspopulismus zwischen Fremdenangst und »Wende«-Enttäuschung? Analysen im Überblick*, Bielefeld 2016, S. 289-296.

Rzepnikowska, Alina: »Racism and Xenophobia Experienced by Polish Migrants in the UK before and after Brexit Vote«, in: *Journal of Ethnic and Migration Studies* 45:1 (2019), S. 61-77.

Salomon, Ernst von: *Die Geächteten*, Reinbek 1962 [1930].

Samaddar, Ranabir: *The Postcolonial Age of Migration*, Abington, New York 2020.

Sammann, Luise: »Unmut über ungleiche Behandlung von Kriegsflüchtlingen«, Deutschlandfunk, 6. Mai 2022; online verfügbar unter: {https://www.deutschlandfunk.de/zwei-klassen-gefluechtete-100.html}.

Saracino, Stefano: »Symbolische Kommunikation über Festungen. Machiavelli und der Fortifikationsdiskurs im 16. Jahrhundert«, in: *Zeitschrift für Historische Forschung* 42:1 (2015), S. 1-36.

SBCC (Southern Border Communities Coalition): »A New Border Vision«, Mai 2019; online verfügbar unter: {https://www.southernborder.org/new_border_vision}.

SBCC (Southern Border Communities Coalition): »Alarming New Facts Implicate CBP in the Congressional Investigation of Border Patrol Cover-up Team«, 11. August 2022; online verfügbar unter: {https://www.southernborder.org/alarming_new_facts_implicate_cbp_in_the_congressional_investigation_of_border_patrol_cover_up_team}.

Schälter, Verena: »Mit ›echten‹ gegen ›unechte‹ Flüchtlinge«, Tagesschau.de, 1. April 2022; online verfügbar unter: {https://www.tagesschau.de/ausland/europa/griechenland-migration-103.html}.

Schechter, Ronald: *A Genealogy of Terror in Eighteenth-Century France*, Chicago 2018.

Scheel, Stephan: »Recuperation through Crisis Talk. Apprehending the European Border Regime as a Parasitic Apparatus of Capture«, in: *South Atlantic Quarterly* 117:2 (2018), S. 267-289.

Schmalz, Dana: »Enlarging the Hole in the Fence of Migrants' Rights«, in: *Verfassungsblog*, 6. April 2022; online verfügbar unter: {https://verfassungsblog.de/enlarging-the-hole-in-the-fence-of-migrants-rights/}.

Schmidt, Jochen: *Politische Brandstiftung. Warum 1992 in Rostock das Ausländerwohnheim in Flammen aufging*, Berlin 2002.

Schümer, Dirk: »Europa ist eine Festung – und muss das auch bleiben«, in: *Die Welt*, 18. Mai 2015.

Schuster, Jacques: »Der Selbstbetrug der Flüchtlingshelfer auf dem Mittelmeer«, in: *Die Welt*, 27. Juni 2018.

Sea-Watch: »So-called Libyan Coast Guard Firing Shots at Migrant Boat in Distress«, 5. Juli 2021; online verfügbar unter: {https://sea-watch.org/en/libyan_coast_guard_shots_fired/}.

Shain, Milton: *The Roots of Antisemitism in South Africa*, Charlottesville 1994.

Siebold, Angela: *ZwischenGrenzen. Die Geschichte des Schengen-Raums aus deutschen, französischen und polnischen Perspektiven*, Paderborn 2013.

Slobodian, Quinn: *Globalisten. Das Ende der Imperien und die Geburt des Neoliberalismus*, übersetzt von Stephan Gebauer, Berlin 2019.

Smith, Stephen: *Nach Europa! Das junge Afrika auf dem Weg zum alten Kontinent*, übersetzt von Andreas Rostek und Dagmar Engel, Berlin 2018.

Sohonie, Vik: »The Most Powerful Currency Today«, Africa Is a Country, 12. Dezember 2018; online verfügbar unter: {https://africasacountry.com/2018/12/the-most-powerful-currency-today}.

Statewatch: »At What Cost? Funding the EU's Security, Defence, and Border Policies, 2021-2027«, Statewatch/Transnational Institute, Amsterdam, April 2022; online verfügbar unter: {https://www.statewatch.org/media/3272/at-what-cost-eu-security-budgets-2021-27-sw-tni.pdf}.

Stenner, Karen: *The Authoritarian Dynamic*, Cambridge 2005.

Stephens, Bret: »Biden Should Complete The Wall«, in: *The New York Times*, 6. April 2021.

Stevens, Jacqueline: »U.S. Government Unlawfully Detaining and Deporting U.S. Citizens as Aliens«, in: *Virginia Journal of Social Policy & the Law* 18:3 (2011), S. 606-720.

Stierl, Maurice: »Of Migrant Slaves and Underground Railroads. Movement, Containment, Freedom«, in: *American Behavioral Scientist* 64:4 (2020), S. 456-479.

Stögner, Karin: »Vom Antisemitismus zum Antigenderismus und zurück. Die *Authoritarian Personality* neu gelesen«, in: *WestEnd. Neue Zeitschrift für Sozialforschung* 18:1 (2021), S. 115-126.

Strik, Tineke: »European Oversight on Frontex«, in: *Verfassungsblog*, 8. September 2022; online verfügbar unter: {https://verfassungsblog.de/european-oversight-on-frontex/}.

Strobl, Natascha: *Radikalisierter Konservatismus. Eine Analyse*, Berlin 2021.

Stümer, Jenny: *Walled Life. Concrete, Cinema, Art*, New York 2022.

Theweleit, Klaus: *Männerphantasien*, Bd. 1: *Frauen, Fluten, Körper, Geschichte*, Frankfurt am Main 1977.

The White House: »Remarks by Vice President Harris and President Giammattei of the Republic of Guatemala Before Bilateral Meeting«, 7. Juni 2021; online verfügbar unter: {https://www.whitehouse.gov/briefing-room/speeches-remarks/2021/06/07/remarksby-vice-president-harris-and-president-giammattei-of-the-republic-of-guatemala-before-bilateral-meeting/}.

Thust, Sarah: »Augenzeugen berichten über Diskriminierung von Schwarzen an der ukrainischen Grenze«, Correctiv.org, 11. März 2022; online verfügbar unter: {https://correctiv.org/faktencheck/2022/03/11/ukraine-augenzeugen-berichten-ueber-diskriminierung-von-schwarzen-an-der-grenze/}.

Toynbee, Arnold J.: *Der Gang der Weltgeschichte*, Bd. 1.1: *Aufstieg und Verfall der Kulturen*, übersetzt von Jürgen v. Kempski, München 1970.

UK Office for National Statistics: »Long-term International Migration, Provisional: Year Ending June 2022«, 24. November 2022; online verfügbar unter: {https://www.ons.gov.uk/peoplepopulationandcommunity/populationandmigration/internationalmigration/bulletins/longterminternationalmigrationprovisional/yearendingjune2022}.

Van Rompuy, Herman und José Manuel Durão Barroso: »From War to Peace: A European Tale«, Nobel Peace Prize Lecture on behalf of the European Union, Oslo, 10. Dezember 2012; online verfügbar unter: {https://www.nobelprize.org/prizes/peace/2012/eu/lecture/}.

Vaughan-Williams, Nick: *Europe's Border Crisis. Biopolitical Security and Beyond*, Oxford 2015.

Vladisavljevic, Anja: »Migrants and Refugees Who Never Made It Commemorated in Croatian Exhibition«, in: *Balkan Insight*, 20. Mai 2021; online verfügbar unter: {https://balkaninsight.com/2021/05/20/migrants-and-refugees-who-never-made-it-commemorated-in-croatian-exhibition/}.

Volkov, Shulamit: *Antisemitismus als kultureller Code*, 2. Aufl., München 2000.

Walters, William: »Mapping Schengenland. Denaturalizing the Border«, in: *Environment and Planning D: Society and Space* 20 (2002), S. 561-580.

Walzer, Michael: »Political Action. The Problem of Dirty Hands«, in: *Philosophy and Public Affairs* 2:2 (1973), S. 160-180.

Wapner, Jessica: *Wall Disease. The Psychological Toll of Living Up Against a Border*, New York 2020.

Weber, Max: »Die ländliche Arbeitsverfassung«, in: ders.: *Max-Weber-Gesamtausgabe*, Abt. I, Bd. 4: *Landarbeiterfrage, Nationalstaat und Volkswirtschaftspolitik. Schriften und Reden 1892-1899*, Tübingen 1993, S. 165-198.

Weber, Max: »Der Sinn der ›Wertfreiheit‹ der soziologischen und ökonomischen Wissenschaften«, in: ders.: *Gesammelte Aufsätze zur Wissenschaftslehre*, herausgegeben von Johannes Winckelmann, 7. Aufl., Tübingen 1988, S. 489-540.

Weiß, Anja: *Soziologie Globaler Ungleichheiten*, Berlin 2017.

Wildt, Michael: *Die Ambivalenz des Volkes. Der Nationalsozialismus als Gesellschaftsgeschichte*, Berlin 2019.

Wilson-Doenges, Georjeanna: »An Exploration of Sense of Community and Fear of Crime in Gated Communities«, in: *Environment and Behavior* 32:5 (2000), S. 597-611.

Wolff, Frank: »Die Grenze greift nach innen aus«, in: *Frankfurter Allgemeine Zeitung*, 16. Juli 2018.

World Justice Project: »WJP Rule of Law Index 2022«; online verfügbar unter: {https://worldjusticeproject.org/rule-of-law-index/global/2022}.

Zaiotti, Ruben: »Of Friends and Fences: Europe's Neighbourhood Policy and the ›Gated Community Syndrome‹«, in: *European Integration* 29:2 (2007), S. 143-162.

Zeit Online: »Ungarisches Transitlager Röszke laut EU-Gutachter rechtswidrig«, in: *Zeit Online*, 23. April 2020; online verfügbar unter: {https://www.zeit.de/politik/ausland/2020-04/fluechtlingsunterkunft-transitlager-ungarn-rechtswidrige-lebensbedingungen?page=2}.

Zimmermann, Klaus F. und Ulf Rinne: »Zutritt zur Festung Europa? Neue Anforderungen an eine moderne Asyl- und Flüchtlingspolitik«, in: *Wirtschaftsdienst* 95:2 (2015), S. 114-120.

Zumach, Andreas: »Über die Festung Europa und Menschenrechte«, in: Elias Bierdel und Maximilian Lakitsch (Hg.): *Flucht und Migration. Von Grenzen, Ängsten und Zukunftschancen*, Wien, Berlin 2014, S. 55-61.

Themenschwerpunkt
»Flucht – Migration – Integration«
in der edition suhrkamp

Scott Anderson. Zerbrochene Länder. Wie die arabische Welt aus den Fugen geriet. Übersetzt von Laura Su Bischoff. es-Sonderdruck. 264 Seiten

Wolfgang Bauer. Über das Meer. Mit Syrern auf der Flucht nach Europa. es-Sonderdruck. 133 Seiten

Zygmunt Bauman. Die Angst vor den anderen. Ein Essay über Migration und Panikmache. Übersetzt von Michael Bischoff. es-Sonderdruck. 125 Seiten

Heinrich Geiselberger (Hg.). Die große Regression. Eine internationale Debatte über die geistige Situation der Zeit. es-Sonderdruck. 319 Seiten

François Jullien. Es gibt keine kulturelle Identität. Wir verteidigen die Ressourcen einer Kultur. Übersetzt von Erwin Landrichter. es 2718. 80 Seiten

Thomas McCarthy. Rassismus, Imperialismus und die Idee menschlicher Entwicklung. es 2688. 402 Seiten

Jan-Werner Müller. Was ist Populismus? Ein Essay. es-Sonderdruck. 160 Seiten

Miltiadis Oulios. Blackbox Abschiebung. Geschichte, Theorie und Praxis der deutschen Migrationspolitik. es-Sonderdruck. 512 Seiten

NF 1093/1/10.17

Volker Perthes. Das Ende des Nahen Ostens, wie wir ihn kennen. Ein Essay. es-Sonderdruck. 144 Seiten

Werner Schiffauer. Schule, Moschee, Elternhaus. Eine ethnologische Intervention. es 2699. 298 Seiten

Mark Terkessidis. Interkultur. es 2589. 220 Seiten
- Kollaboration. es 2686. 332 Seiten

NF 1093/2/10.17

edition suhrkamp
Eine Auswahl

Bini Adamczak. Beziehungsweise Revolution. 1917, 1968 und kommende. es 2721. 313 Seiten

Bruno Amable / Stefano Palombarini. Von Mitterrand zu Macron. Über den Kollaps des französischen Parteiensystems. es 2727. 255 Seiten

Perry Anderson. Hegemonie. Konjunkturen eines Begriffs. es 2724. 249 Seiten

Scott Anderson. Zerbrochene Länder. Wie die arabische Welt aus den Fugen geriet. es-Sonderdruck. 263 Seiten

Wolfgang Bauer
- Bruchzone. Krisenreportagen. es-Sonderdruck. 349 Seiten
- Über das Meer. Mit Syrern auf der Flucht nach Europa. es-Sonderdruck. 133 Seiten

Zygmunt Bauman
- Die Angst vor den anderen. Ein Essay über Migration und Panikmache. es-Sonderdruck. 124 Seiten
- Retrotopia. es-Sonderdruck. 220 Seiten

Michael Butter. »Nichts ist, wie es scheint«. Über Verschwörungstheorien. es-Sonderdruck. 270 Seiten

Ann Cotten
- Die Anleitungen der Vorfahren. es-Sonderdruck. 157 Seiten
- Verbannt! Versepos. es-Sonderdruck. 168 Seiten

NF 383/1/03.23

Colin Crouch
- Postdemokratie revisited. es 2761. 278 Seiten
- Gig Economy. Prekäre Arbeit im Zeitalter von Uber, Minijobs & Co. es 2742. 135 Seiten
- Postdemokratie. es 2540. 159 Seiten

Adrian Daub
- Cancel Culture Transfer. Wie eine moralische Panik die Welt erfasst. es 2794. 371 Seiten
- Was das Valley denken nennt. Über die Ideologie der Techbranche. es 2750. 158 Seiten

Didier Eribon
- Gesellschaft als Urteil. Klassen, Identitäten, Wege. es-Sonderdruck. 264 Seiten
- Rückkehr nach Reims. es-Sonderdruck. 237 Seiten

Nancy Fraser. Der Allesfresser. Wie der Kapitalismus seine eigenen Grundlagen verschlingt. es-Sonderdruck. 282 Seiten

Heinrich Geiselberger (Hg.). Die große Regression. Eine internationale Debatte über die geistige Situation der Zeit. es-Sonderdruck. 318 Seiten

Masha Gessen. Leben mit Exil. Über Migration sprechen. 98 Seiten

Kristen R. Ghodsee. Warum Frauen im Sozialismus besseren Sex haben. Und andere Argumente für ökonomische Unabhängigkeit. es-Sonderdruck. 275 Seiten

Marius Goldhorn. Park. Roman. es 2764. 179 Seiten

Mark Greif. Bluescreen. Essays. es 2629. 231 Seiten

NF 383/2/03.23

Jürgen Habermas. Im Sog der Technokratie. Kleine politische Schriften XII. es 2671. 193 Seiten

Lea Haller. Transithandel. Geld- und Warenströme im globalen Kapitalismus. es 2731. 512 Seiten

Sabine Hark. Gemeinschaft der Ungewählten. Umrisse eines politischen Ethos der Kohabitation. es 2774. 271 Seiten

David Harvey. Rebellische Städte. es 2657. 283 Seiten

Wilhelm Heitmeyer. Autoritäre Versuchungen. Signaturen der Bedrohung 1. es 2717. 394 Seiten

Axel Honneth. Vivisektionen eines Zeitalters. Porträts zur Ideengeschichte des 20. Jahrhunderts. es 2678. 307 Seiten

Eva Illouz. Israel. Soziologische Essays. es 2683. 228 Seiten

Dirk Jörke. Die Größe der Demokratie. Über die räumliche Dimension von Herrschaft und Partizipation. es 2739. 280 Seiten

François Jullien. Es gibt keine kulturelle Identität. es 2718. 95 Seiten

Susanne Kaiser. Politische Männlichkeit. Wie Incels, Fundamentalisten und Autoritäre für das Patriarchat mobilmachen. es 2765. 268 Seiten

Ariane Koch. Die Aufdrängung. Roman. es 2784. 179 Seiten

Ivan Krastev. Europadämmerung. Ein Essay. es 2712. 143 Seiten

NF 383/3/03.23

Nils C. Kumkar. Alternative Fakten. Zur Praxis der kommunikativen Erkenntnisverweigerung. 336 Seiten

Benjamin Kunkel. Utopie oder Untergang. Ein Wegweiser für die gegenwärtige Krise. es 2687. 245 Seiten

Bruno Latour
- Das terrestrische Manifest. es-Sonderdruck. 136 Seiten
- Wo bin ich? Lektionen aus dem Lockdown. es 2771. 199 Seiten

Bruno Latour / Nikolaj Schultz. Zur Entstehung einer ökologischen Klasse. Ein Memorandum. es-Sonderdruck. 93 Seiten

Philipp Lepenies. Die Macht der einen Zahl. Eine politische Geschichte des Bruttoinlandsprodukts. es 2673. 186 Seiten

Enis Maci. Eiscafé Europa. Essays. es 2726. 240 Seiten

Philip Manow
- (Ent-)Demokratisierung der Demokratie. es 2753. 160 Seiten
- Die Politische Ökonomie des Populismus. es 2728. 160 Seiten

Lorenzo Marsili/Niccolò Milanese. Wir heimatlosen Weltbürger. es 2736. 280 Seiten

Steffen Mau. Das metrische Wir. Über die Quantifizierung des Sozialen. es-Sonderdruck. 307 Seiten

Robert Misik
- Das große Beginnergefühl. Moderne, Zeitgeist, Revolution. es 2788. 284 Seiten
- Die falschen Freunde der einfachen Leute. es 2741. 138 Seiten

NF 383/4/03.23

Chantal Mouffe. Für einen linken Populismus. es 2729. 111 Seiten

Jan-Werner Müller
- Furcht und Freiheit. Für einen anderen Liberalismus. es-Sonderdruck. 170 Seiten
- Was ist Populismus? Ein Essay. es-Sonderdruck. 159 Seiten

Oliver Nachtwey. Die Abstiegsgesellschaft. Über das Aufbegehren in der regressiven Moderne. es 2682. 263 Seiten

Ole Nymoen/Wolfgang M. Schmitt. Influencer. Die Ideologie der Werbekörper. es-Sonderdruck. 191 Seiten

Volker Perthes. Das Ende des Nahen Ostens, wie wir ihn kennen. es-Sonderdruck. 143 Seiten

Paul B. Preciado. Ein Apartment auf dem Uranus. Chroniken eines Übergangs. es-Sonderdruck. 368 Seiten

Adam Przeworski. Krisen der Demokratie. es 2751. 256 Seiten

Jedediah Purdy. Die Welt und wir. Politik im Anthropozän. es-Sonderdruck. 186 Seiten

Katharina Raabe / Kateryna Mishchenko (Hg.). Aus dem Nebel des Krieges. Die Gegenwart der Ukraine. es-Sonderdruck. 288 Seiten

Hanno Rauterberg
- Die Kunst der Zukunft. Über den Traum von der kreativen Maschine. es 2775. 195 Seiten
- Wie frei ist die Kunst? Der neue Kulturkampf und die Krise des Liberalismus. es 2725. 141 Seiten

NF 383/5/03.23

Andreas Reckwitz. Das Ende der Illusionen. Politik, Ökonomie und Kultur in der Spätmoderne. es 2735. 305 Seiten

César Rendueles
- Gegen Chancengleichheit. Ein egalitaristisches Pamphlet. es-Sonderdruck. 329 Seiten
- Kanaillen-Kapitalismus. Eine literarische Reise durch die Geschichte der freien Marktwirtschaft. es 2737. 300 Seiten
- Soziophobie. Politischer Wandel im Zeitalter der Utopie. es 2690. 262 Seiten

Rachel Salamander. Heine und der deutsche Donner. Heine-Preis 2020. Laudatio: Frank-Walter Steinmeier. es-Sonderdruck. 48 Seiten

Grégory Salle. Superyachten. Luxus und Stille im Kapitalozän. 170 Seiten

Michel Serres. Was genau war früher besser? Ein optimistischer Wutanfall. es-Sonderdruck. 80 Seiten

Olga Shparaga. Die Revolution hat ein weibliches Gesicht. Der Fall Belarus. es 2769. 231 Seiten

Peter Sloterdijk. Die Reue des Prometheus. Von der Gabe des Feuers zur globalen Brandstiftung. es-Sonderdruck. 80 Seiten

Philipp Staab
- Anpassung. Leitmotiv der nächsten Gesellschaft. es 2779. 240 Seiten
- Digitaler Kapitalismus. Markt und Herrschaft in der Ökonomie der Unknappheit. es-Sonderdruck. 345 Seiten

NF 383/6/03.23

Carlo Strenger
- Abenteuer Freiheit. Ein Wegweiser für unsichere Zeiten. es-Sonderdruck. 122 Seiten
- Diese verdammten liberalen Eliten. Wer sie sind und warum wir sie brauchen. es-Sonderdruck. 172 Seiten

Natascha Strobl. Radikalisierter Konservatismus. Eine Analyse. 192 Seiten

Kate Tempest
- Brand New Ancients/Brandneue Klassiker. Lyrik. es 2733. 103 Seiten
- Let Them Eat Chaos. Sollen sie doch Chaos fressen. es 2754. 154 Seiten

Philipp Ther. Das andere Ende der Geschichte. Über die Große Transformation. es 2744. 199 Seiten

David Van Reybrouck. Zink. es-Sonderdruck. 86 Seiten

Raul Zelik. Wir Untoten des Kapitals. Über politische Monster und einen grünen Sozialismus. es 2746. 328 Seiten

Slavoj Žižek. Auf verlorenem Posten. es 2562. 319 Seiten

Gabriel Zucman. Steueroasen. Wo der Wohlstand der Nationen versteckt wird. es-Sonderdruck. 118 Seiten

NF 383/7/03.23